かんたん！そのまま使

ほけんだより
イラスト＆文例集

代々木上原こどもクリニック院長
高見 剛 監修

ナツメ社

JN080122

contents

PART 1 月別の「ほけんだより」

この本の特徴

1
毎月の「ほけんだより」
作成が簡単に！

2
自園に適した話題が
選べる！

3
1ページサイズと1/2ページサイズ
のみだから組み合わせやすい！

そのまま使う ── **オリジナル度 ★☆☆☆** ── **簡単！ 作りやすい！**

1. 作りたい月を選ぶ
2. 園児の年齢に合うページを選ぶ
3. 発行情報を打ち込む

各月の基本テンプレート

[4月・5月・6月]	p.12-17
[7月・8月・9月]	p.26-31
[10月・11月・12月]	p.50-55
[1月・2月・3月]	p.68-73

園児の年齢

　各話題におすすめの年齢が書いてあります。基本のテンプレートの場合は、0・1・2歳向けと3・4・5歳向けの2種類が掲載されています。

発行情報

・発行年月日
・園名
・組名
・役職と発行者名
を打ち込むこと
ができます。

話題

入れかえて使う

オリジナル度 ★★☆☆

園の状況を反映できる

1. 作りたい月を選ぶ
2. 入れかえたい文や話題を選ぶ
3. 発行情報を打ち込む

あいさつ文も
入れかえできる

入れかえのできるあいさつ文

[4月・5月・6月]	p.18
[7月・8月・9月]	p.32
[10月・11月・12月]	p.56
[1月・2月・3月]	p.74

入れかえのできるテンプレート

[4月・5月・6月]	p.19-25
[7月・8月・9月]	p.33-49
[10月・11月・12月]	p.57-67
[1月・2月・3月]	p.75-82

[PART 2] p.84-94
季節を問わない感染症と病気

[PART 3] p.96-108
子どもの健康維持とホームケア

[PART 4] p.110-120
子どもの発達と育ち

この話題を
かえたい……

食育に
力を入れている、
うちの園に
ぴったり！

ページの組み合わせ方

　1ページサイズの話題は1つだけで、1/2ページサイズの話題は2つ組み合わせると、1ページ分（A4）になります。

　また、それぞれの話題にはおすすめ年齢（0・1・2歳、3・4・5歳、0-5歳の3種類）があり、自園に合った内容を選択しやすくなっています。

ここの
打ち込みも
忘れずに！

入れかえ

1 作りたい月を選ぶ

2 書きかえのできる部分を打ち込む

3 発行情報を打ち込む

ほけんだよりの名称
ほけんだよりの名称と月を園に合ったものに書きかえることができます。

あいさつ文
書きかえができる部分です。オリジナルのあいさつ文を「ほけんだより」に掲載することができます。

話題内の書きかえられる部分
話題内にも書きかえられる部分があります。園の状況をひと言添えるなど、活用が可能です。
※書きかえられる部分はそれぞれの話題によって異なります。

書きかえのできない部分について

専門的な内容のため、医学監修を受けている部分は書きかえができません。しかし、それ以外の部分は各園の事情に合わせて書きかえることが可能です。

① 使いたい素材番号を確認

② 使いたい素材をコピー

③ 素材や文字を組み合わせる

CD-ROM の
使い方は
p.132 ─ 141

テンプレート番号

文章、フレーム、イラストのセットを CD-ROM からコピーする際に必要な番号です。

ほけんだよりの名称枠

ほけんだよりの名称を囲んでいるイラストを CD-ROM からコピーする際に必要な番号です。

イラスト番号

イラストを CD-ROM からコピーする際に必要な番号です。誌面に掲載されているカラーのイラストに加え、白黒版も CD-ROM に収録されています。

組み合わせて文章を入れると

フレーム番号

話題を囲っているフレームを CD-ROM からコピーする際に必要な番号です。

便利なイラストページ

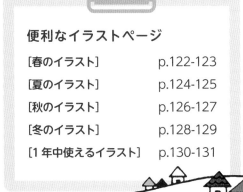

CD-ROMフォルダーの構成

付属の CD-ROM は各ページで掲載されたほけんだよりの名称枠、テンプレート、イラスト、
フレームが収録されています。下記はフォルダーの構成図です。
また、各ページにもフォルダーの案内があるので、使用する際にはご参照ください。
ほけんだよりの名称枠、イラスト、フレームはカラーと白黒版があり、異なるフォルダーに入っているのでご注意ください。

※ CD-ROM の使い方は p.132-141 で説明しています。

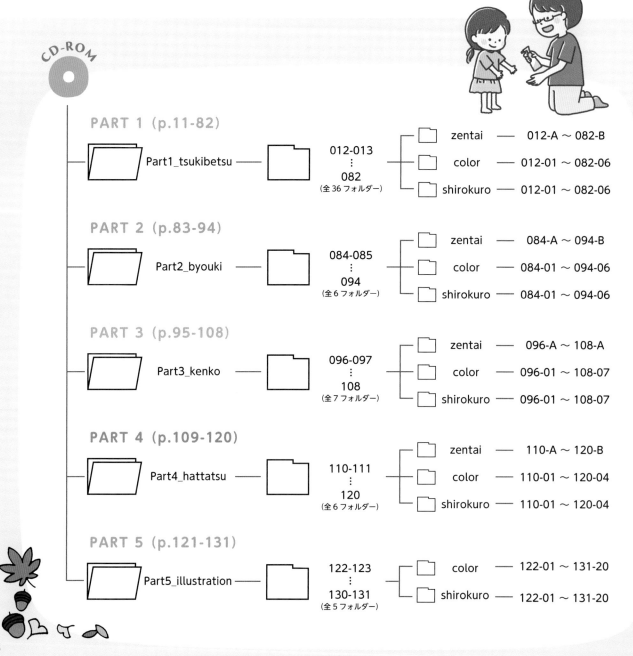

CD-ROM

PART 1 (p.11-82)
Part1_tsukibetsu — 012-013 ⋮ 082 （全36フォルダー）
- zentai — 012-A ～ 082-B
- color — 012-01 ～ 082-06
- shirokuro — 012-01 ～ 082-06

PART 2 (p.83-94)
Part2_byouki — 084-085 ⋮ 094 （全6フォルダー）
- zentai — 084-A ～ 094-B
- color — 084-01 ～ 094-06
- shirokuro — 084-01 ～ 094-06

PART 3 (p.95-108)
Part3_kenko — 096-097 ⋮ 108 （全7フォルダー）
- zentai — 096-A ～ 108-A
- color — 096-01 ～ 108-07
- shirokuro — 096-01 ～ 108-07

PART 4 (p.109-120)
Part4_hattatsu — 110-111 ⋮ 120 （全6フォルダー）
- zentai — 110-A ～ 120-B
- color — 110-01 ～ 120-04
- shirokuro — 110-01 ～ 120-04

PART 5 (p.121-131)
Part5_illustration — 122-123 ⋮ 130-131 （全5フォルダー）
- color — 122-01 ～ 131-20
- shirokuro — 122-01 ～ 131-20

基本テンプレートを 使いたいとき	カラーのイラストを 使いたいとき	白黒のイラストを 使いたいとき

文章、フレーム、イラストがセットになっています。話題によっては書きかえ可能な部分があります。 例：**012-A**	本誌と同じカラーのイラストです。イラストのみで使うことができます。 例：**012-03**	本誌に掲載されているイラストの白黒版です。 例：**012-03**

基本テンプレートを使いたいとき

□ 名前
- ☑ Part1_tsukibetsu
- Part2_byouki
- Part3_kenko
- Part4_hattatsu
- Part5_illustration

↓

□ 名前
- ☑ 012-013
- 014-015
- 016-017
- 018-019
- 020-021

↓

□ 名前
- 012-013_color
- 012-013_shirokuro
- ☑ 012-013_zentai

↓

□ 名前
- ☑ W 012-A
- W 013-A

カラーのイラストを使いたいとき

□ 名前
- ☑ Part1_tsukibetsu
- Part2_byouki
- Part3_kenko
- Part4_hattatsu
- Part5_illustration

↓

□ 名前
- ☑ 012-013
- 014-015
- 016-017
- 018-019
- 020-021

↓

□ 名前
- ☑ 012-013_color
- 012-013_shirokuro
- 012-013_zentai

↓

012-01　　012-02　　012-03

白黒のイラストを使いたいとき

□ 名前
- ☑ Part1_tsukibetsu
- Part2_byouki
- Part3_kenko
- Part4_hattatsu
- Part5_illustration

↓

□ 名前
- ☑ 012-013
- 014-015
- 016-017
- 018-019
- 020-021

↓

□ 名前
- 012-013_color
- ☑ 012-013_shirokuro
- 012-013_zentai

↓

012-01-1c　　012-02-1c　　012-03-1c

使用前にお読みください

[使用の許諾と禁止事項]

● 本 CD-ROM に収録されているデータは、ご購入された法人、または個人がその私的範囲内で自由にお使いいただけます。
● 園児などの募集広告、園 (施設・団体) の PR、販売を目的とした出版物など、商用目的に使用することはできません。
● ホームページ等ウェブサイト、SNS などインターネット上での使用、およびオンラインでの使用は禁止します。
● 印刷所などに発注して作る、大量部数の印刷物の素材に使用することはできません。
● 本 CD-ROM のデータの転載、貸与、販売、賃貸、配布することを禁止します。

[著作権]

弊社は、本 CD-ROM に収録されている、データのすべての著作権を管理しています。

[免責]

弊社は、本製品を使用したことによって発生した直接的、間接的または波及効果によるいかなる損害に対しても、いっさいの責任を負わないものとします。

[収録データについて]

● テンプレートデータは Windows で利用できる、Word のファイル形式のデータを収録しています。
※本 CD-ROM には Word のプログラム本体は収録されておりません。
● 収録されているテンプレートは「Windows 10」上で動く「Microsoft Office 365 バージョン 2011」で作成しています。お使いの OS やアプリケーションのバージョンによっては、レイアウトが崩れる可能性がありますので、あらかじめご了承ください。
● 画像データは [PNG] のファイル形式で収録されています。
● 画像は拡大しすぎると、線や輪郭が荒れることがあります。

[ディスクの動作環境]

OS : Windows 8/10
ドライブ : CD-ROM の読み込みが可能なドライブ
アプリケーションソフト :
PNG 形式のデータが扱えるアプリケーションソフト
Microsoft Office Word 2016 / 2019 / Microsoft 365

[説明用画面について]

本文中の説明は Windows 10 上、Microsoft 365 バージョン 2011 で説明しています。

[プリンタについて]

プリンタの設定が適切でない場合、画像がきれいに印刷されないことがあります。画像がきれいに印刷されない場合は、プリンタの設定を調節してください。

[CD-ROM の取り扱いについて]

● ディスクは両面とも、指紋、汚れ、ほこり、傷などをつけないように取り扱ってください。また、ペンなどで文字や絵をかいたり、シールなどをはったりしないでください。
● ディスクに汚れなどがついたときはやわらかい布で内周から外周に向けて軽くふき取るか、市販の CD-ROM 用クリーナーをご使用ください。
● ディスクにひび割れや変形がある場合は、危険ですので絶対に使用しないでください。
● 使用後のディスクは元のケース、または市販の CD-ROM 用ケースに入れ、直射日光、高温多湿を避けて保管してください。
● ディスクの上に重いものを置いたり、ケースに入れずに放置したりすると破損の原因になり危険です。

[注意事項]

本書の内容は専門性の高い内容となっています。病状などのイラスト使用時は関連性のないテキストに合わせて使用しないよう注意してください。

月別の
「ほけんだより」

毎月の「ほけんだより」として、
そのまま使える内容のものを用意しました
（p.12-17/ p.26-31/ p.50-55/ p.68-73）。
加えて、その時期に合ったトピックの話題も掲載しています。
話題は０・１・２歳児向け、３・４・５歳児向け、
０－５歳児向けの３種類があり、
園の事情により、組み合わせて使うことができます。

月別の「ほけんだより」

4月

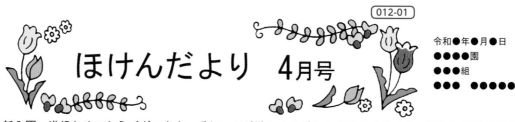

ほけんだより 4月号

令和●年●月●日
●●●●園
●●●組
●●● ●●●●●

012-01

新入園・進級おめでとうございます。暖かい日が増えて過ごしやすくなりますが、新しい環境は子どもたちには意外と負担になるものです。園でも、子どもたちの様子を見守っていきたいと思います。

登園前の健康チェックポイント

今日、少し鼻づまりがあります。

012-03

朝、お子さんが元気か、体調不良のサインは出ていないかをチェックしましょう。目や鼻、耳、口、皮膚など、体の中と外をつなぐ部分は異変を見つけやすいので、しっかりチェック。当てはまることがあるときは、職員にお知らせください。

目
- 目やにが増えた
- 目が赤い
- 涙目になっている

耳
- 耳を触る（気にするそぶりがある）
- 耳だれが出る

皮膚
- ポツポツができている
- 水ぶくれやうんだ場所がある
- 赤くはれている

ポツポツに気づいたら、時間とともに数が増えたかどうかも見ておきましょう。

012-04

鼻
- 鼻水・鼻づまりがある
- くしゃみが出る

おしっこ・うんち
- 回数や状態（色やかたさなど）、におい（すっぱいにおいは消化ができていない）がいつもとちがう

いつもとちがう……と思ったら、お知らせください

目に見える症状がなくても、「いつもよりも機嫌が悪い」「なんとなく元気がない」など、気づいたことがあったら、朝、登園時に職員にお伝えください。

お子さんの平熱ご存じですか？

毎日の検温を習慣にしましょう！（同じ時間帯で）

一般的に子どもの発熱の目安は 37.5 度ですが、個人差があります。特に 0 歳児は環境の影響を受けやすいものです。

●タイミングを決める

体温は1日の中でも変動します。「朝起きて顔を洗ったら測る」「朝食後に測る」など、検温のタイミングを決めましょう。

	発熱
平熱 36.7 度 くらい	発熱
平熱 36.5 度 くらい	発熱
平熱 36.3 度 くらい	

012-02

tsukibetsu
⇩
012-013
⇩
zental
color
shirokuro

013-01

ほけんだより　4月号

令和●年●月●日
●●●●園
●●●組
●●● ●●●●●

新入園、進級おめでとうございます。子どもたちが、新しいクラスで、新しいお友達と健康で楽しく過ごせるよう、職員一同見守っていきたいと思います。どうぞよろしくお願いいたします。

登園前の健康チェックをお願いします

こんなサインに注意！

体力がついてきて感染症にかかる回数は少なくなりますが、まだ自分の体調を的確に表現できません。ちょっとした不調のサインを見逃さないようにしましょう。また、トイレが自立すると、うんちの回数や状態を把握しにくくなるので注意してください。

病気のサインはないですか？

目	目やにや涙が出る、充血している　など
鼻	鼻水、鼻づまり、口呼吸　など
皮膚	ポツポツが出ている、はれている　など
うんち	回数や性状、においがいつもとちがう　など

013-03

☐ 「疲れた」「痛い」と言う

おしゃべりが上手になっても、自分の体調を適切に言うのはまだまだ難しい年齢。腹痛ではないが具合が悪いときに「おなかが痛い」と言ったり、だるいことを「疲れた」と言ったりすることもあります。

☐ 姿勢が悪い

背中がぐにゃりと曲がっている、ほおづえをつく、なんとなくしょんぼりしている……などは、疲れがたまっているサイン。体調不良の入り口と考え、早めに休息をとりましょう。

☐ けんかが増える

大好きな遊びをすぐにやめてしまう、友達とのけんかが増えるのは、心の元気が減っているサインです。

013-02

衣類のチェックをお願いします

暖かくなって外遊びの時間が長くなり、汗をかいて着替える回数が増えてきます。服がきついと脱いだり着たりしにくいですし、大きすぎる服は体の動きを妨げます。衣がえのときには、サイズを確認するようお願いします。

髪止め
髪を結ぶゴムは、飾りのないシンプルなもの

洋服
首回りやそでに余裕があるほうがbetter

靴のサイズ
つま先に5mm～1cm程度の余裕があるものがbest

脱ぎ着しやすく、暑くなりにくいというメリットも。

013-05

013-04

014-01

ほけんだより 5月号

令和●年●月●日
●●●●園
●●●組
●●● ●●●●●

満開の桜が、まぶしい緑に変わりました。過ごしやすい季節になりましたが、新しい生活がスタートして1か月、子どもたちには疲れも出やすい時期です。体調に気をつけて過ごしていきましょう。

子どものリズムを大切に！

私たちの体には、リズムを刻む「体内時計」が備わっていて、生後4か月ごろから、日中は起きて、夜間は眠るというリズムが整ってきます。1日の睡眠時間は、0～1か月で16～20時間、6か月で13～14時間、1～3歳で11～12時間。朝の起床時間から逆算して、寝かしつけの時間を確認してみましょう。

夜 寝る時間を決めましょう

大人の生活リズムに子どもを合わせるのではなく、子どもが寝る時間になったら、「テレビを消す」「電気を暗くする」など、みんなで協力しましょう。

朝 余裕をもって起こしましょう

顔を洗って着替え、朝ごはんをしっかり食べる時間をもてるように起こしましょう。自分で身の回りのことをやるようになると時間がかかります。あわてず、せかさずにすむよう、余裕をもって早めに起こすのがおすすめです。

「自分で！」を見守って！

014-03

014-02

ここをチェック！ 子どものけが！

☐ ズボンのすそはくるぶしまで

0～2歳児は脚力が弱い、頭が重く転びやすいなど、転倒が多い時期。ズボンのすそが長いと足にまとわりついて歩きにくくなったり、すべったりするもとになるので、丈の合ったズボンをはかせましょう。

すそを折り返すだけだと時間とともに落ちてきてしまうので、縫いつけて留めるのがベストです。

014-05

☐ つめは短く、角はやすりで削って

子どものつめは薄く、ちょっとひっかいただけでも皮膚に傷がついてしまいます。

特に、1歳代では、かみつきやひっかきなどのトラブルが多く見られます。つめは1週間に一度チェックして短くカットし、やすりで丸く整えてあげましょう。ただし、巻きづめになりやすい子どもは、両わきをあまり深く切りすぎないようにしましょう。

014-06

014-04

015-01

令和●年●月●日
●●●●園
●●●組
●●● ●●●●●

気持ちのよい季節になり、みんなで公園に行く機会が増えてきました。これから外遊びの機会が増えるので、思いきり遊べるよう、子どもの健康を見守ってください。

生活リズムは 早起き でリセット！

　旅行などに行くと、いつもと生活リズムがかわり、楽しくてなかなか寝ない、朝はついつい寝坊……など、睡眠のリズムが乱れがち。そんなときは、早起きでリズムを整えましょう。

　早起きのコツは、「起きたら日の光を浴びること」。体内時計は、24時間より少し長いため、夜更かしになりがち。朝、日光を浴びて体を目覚めさせると、体内時計をリセットできます。早起きをすると、夜は自然と眠くなります。眠くないのに無理に早く寝かせるより、早起きをして朝ごはんを食べ、日中しっかり遊ぶほうが、子どもも大人もストレスがかかりません。

朝、起こすときにはカーテンを開けて外の光を入れましょう。直射日光でなくてもOKです。
015-03

朝ごはんは必ず食べましょう。体を目覚めさせますし、体を動かすエネルギー源としてだけでなく、成長を支えるためにも欠かせません。
015-04

015-02

子どもの けが！ 体を動かしやすい服装で防ぎましょう

　小さな子どもは、次のようなけがをしやすい特性があります。
・頭が重く、体のバランスが悪い
・夢中になると周囲に注意が及ばなくなる
・危険なことを予測できない
　一方で、子どもの運動神経の発達は12歳ごろ

までに完了するとも言われており、小さなころから体を動かすことは、その後の成長に欠かせません。園でも、外遊びなどで体を動かす機会をたくさん作っていきたいと思います。体を動かしやすい服装で登園する、サイズの合った靴（足の大きさより5mm〜1cm余裕がある）をはかせるなどのご協力をお願いします。

服が大きすぎませんか

015-06

靴のサイズは合っていますか
5mm〜1cm
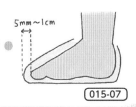
015-07

015-05

tsukibetsu
⇩
016-017
⇩
zentai
color
shirokuro

ほけんだより 6月号

令和●年●月●日
●●●●園
●●●組
●●● ●●●●●

赤ちゃんには、7～8か月のころに、かわいらしい前歯が生えてきます。その後、3歳ごろまでに、20本の乳歯が生えてきます。乳歯は、やわらかく虫歯になりやすいため、しっかり守ってあげましょう。

6月4日〜 歯と口の健康週間

歯のこと、食べること、チェックしてみませんか？

乳歯が生えそろう2歳半～3歳ごろまで、子どもたちは、あごや唇、舌などを使って食べる練習を続けています。この時期には、食べる力に合わせた食事をとることが大切です。発達に合わない食べ物を食べていると、成長してから「かまない」「丸飲み」などの問題が出ることも。焦らず、お子さんに合った食べ物を工夫しましょう。

かむ力、食べる力を育てる 5つのポイント

❶ 顔をたくさん動かす

熱いものをフーフー吹いて冷ます、ストローで水を飲む、あっかんベー（舌を出す）などの動作は、口の回りの筋肉を鍛えます。

❷ 「手づかみ食べ」をさせる

1歳ごろは、手で食べ物を持って、前歯でかじる「手づかみ食べ」をしっかりさせてあげましょう。手と口を協調させる、"ひと口大"の感覚が身について、詰め込み食べを防ぐなどの効果があります。また、手づかみ食べを十分に経験すると、スプーンやフォークを上手に使えるようになります。

❸ いろいろなものを食べさせる

最初は食べなくても、時間をおいて再チャレンジすると食べるようになることもあります。いろいろな食べ物を経験させてあげましょう。

❹ 吐き出しをしからない

よくかんで細かくなったのに、かたまりで吐き出してしまうことがあります。これは、まだ、食べ物を唾液と混ぜて飲み込みやすくするのがうまくいかないため。無理に飲み込ませると「丸飲み」につながるおそれがあるので、肉などかたまりになりやすい食材は小さめに切るなど工夫して、根気よく見守りましょう。

❺ 歯ごたえのあるものを食べる

きのこ類、根菜類などの歯ごたえのあるもの、こんにゃくなどの弾力のあるものは、かむ力を育てます。

また、唾液の分泌を促し、口の中をきれいにする効果も。様子を見ながら少しずつメニューに取り入れましょう。

きのこ
ごぼう
こんにゃく

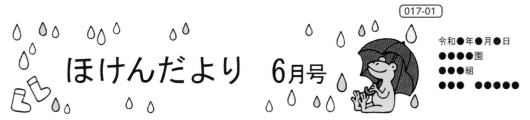

令和●年●月●日
●●●●園
●●●組
●●● ●●●●●

ほけんだより　6月号

歯はかたい食べ物もかめるよう、エナメル質で覆われています。しかし、乳歯は永久歯に比べてエナメル質が薄く、虫歯になりやすいのです。小さなころから、歯みがきの習慣をつけて歯を守りましょう。

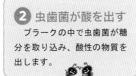

6月4日〜 歯と口の健康週間！

ものを食べるのに欠かせない「歯」。乳歯が虫歯で抜けてしまうと、食べることに支障が出るため、体の成長にも影響します。小さいころから歯みがきの習慣をつけて、歯を守りましょう。

また、歯医者さんは歯を守る強い味方です。歯がきちんとみがけているか、虫歯はないかなど、歯のトラブルを予防するために、お子さんといっしょに家族で定期的に歯科検診を受けるのもおすすめです。

虫歯はこうしてできる！

❶ 糖分をもとにプラークができる

口の中の糖分をエサに、虫歯菌が繁殖し、ネバネバとしたプラーク（歯垢）をつくります。プラーク1mgには、なんと虫歯菌が10億個以上も！

❷ 虫歯菌が酸を出す

プラークの中で虫歯菌が糖分を取り込み、酸性の物質を出します。

プラーク

017-03

❸ 酸が歯を溶かす

虫歯菌の出す酸が、歯の表面を溶かし、やがて歯に穴が開いて虫歯になります。表面だけが溶けた「初期虫歯」なら、歯みがきをしっかりすることで、本格的な虫歯に進むのを防げます。

017-02

歯みがきで虫歯を防ぐ！歯みがきを好きになる3つのポイント

ポイント1　好きな歯ブラシを使わせる

子どもが選んだ歯ブラシのほうが、楽しく、自分で進んで歯みがきできます。仕上げみがき用には、本人が使うものとは別に、サイズや年齢に合ったものを選びましょう。

ポイント2　やさしく見守る

歯みがきタイムは、食後の忙しい時間帯なので、つい「早く！」「ちゃんとみがいて！」などと言いがち。でも、子どもは楽しいほうが取り組みやすいもの。やさしい気持ちで見守ってください。

仕上げみがきは小学校3年生くらいまで続けるのがベスト。それまでに習慣づけたいですね。

017-05

ポイント3　仕上げみがきは痛くしない

歯を強くみがいたり、粘膜や歯茎に歯ブラシが当たると、痛くて仕上げみがきをいやがるようになってしまいます。手の甲に歯ブラシを当ててこすったときに、毛先が広がらない程度の力加減を目安に、やさしくていねいにみがいてあげましょう。

実験！ 歯が溶けるって？

歯が溶けて虫歯になると言われても、子どもにはピンとこないかもしれません。乳歯が抜けたときに、その歯をお酢につけてお子さんといっしょに観察してみましょう。1日ほどで歯の表面がボロボロと溶けていくのが見られます。

017-04

4月

0－5 　018-A

ご入園・ご進級おめでとうございます。ドキドキワクワクの中で、新しいクラスでの生活がスタートしました。子どもたちが楽しくすこやかに成長していけるよう、見守っていきたいと思います。

0・1・2 　018-B

園の花壇や周囲の自然がいっせいに「春の顔」にかわりました。お子さんといっしょに私たち保育者も新たな気持ちで1年を始めます。よろしくお願いします。

0・1・2 　018-C

新年度が始まりました。新入園児も進級したお子さんも、新しい生活への緊張感が続く間は、心身ともに疲れています。十分な睡眠と休養をとって、元気に登園できるように見守りましょう。

3・4・5 　018-D

新しい1年がスタートしました。1つお兄さんお姉さんになった子どもたちは、新しいクラスでの生活、新しい友達づくりに、一生懸命です。お子さんの園での話にぜひ、耳を傾けてあげましょう。

5月

0－5 　018-E

新年度がスタートして、あっという間に1か月がたちました。子どもたちは新しい環境にもだいぶ慣れてきましたが、少し疲れが出てくるころかもしれません。体調管理に注意していきましょう。

0・1・2 　018-F

さわやかな風が吹く、心地よい季節になりました。お散歩や外遊びなど、戸外で過ごす時間を少しずつ増やしながら、季節の変化や身近な自然をたっぷり楽しんでいきたいと思います。

0・1・2 　018-G

新入園の子どもたちにとっては、何もかもが「初めて」の1か月でした。連休明けは疲れが出やすい時期です。夜はしっかり睡眠をとるようにして、体調の変化を注意深く見ていきましょう。

3・4・5 　018-H

アリ、チョウ、ダンゴムシ……、子どもが夢中になる小さな虫や花がいっぱいの季節になりました。子どもは大人より汗をかきやすいため、外遊びの後は水分補給を忘れずにお願いします。

6月

0－5 　018-I

梅雨に入り、アジサイが色づき始めました。温度も湿度も高くなってくるこの時期、汗をかいたらふき、ぬれた服は着替えましょう。室内もこまめに掃除や換気をして、カビ対策をお願いします。

0・1・2 　018-J

レインコート、長靴、傘をたたく雨の音、水たまり……。大人にとっては憂鬱な雨の日も、子どもには発見や喜びがいっぱいです。ときには子どもの視点で、雨の日を楽しんでみてください。

0・1・2 　018-K

アジサイの鮮やかな色が、目を引く季節になりました。雨で外遊びやお散歩ができない日も多くなりますが、子どもたちはさまざまな室内遊びを楽しみながら、お友達との関係を深めていきます。

3・4・5 　018-L

雨の日が増え、子どもたちは外で思いきり体を動かしたくてうずうずしています。天気や気温の変化が激しいこの時期には、熱中症の危険も高まります。水分補給と体調管理に気をつけましょう。

tsukibetsu
⇩
018-019
⇩
zentai
color
shirokuro

４月・５月・６月の話題

生活リズムを整えて元気に過ごそう！

健康のためには、小さなころから生活リズムを整えることが大切です。生活リズムを整えるポイントはいくつかありますが、特に大事なのは「朝の生活改善」です。朝起こす時間からチェックしてみましょう。

朝

決まった時間に起こしましょう

019-02

朝、自然に起きるまで待つのではなく、時間を決めて起こしましょう。睡眠のリズムが整いますし、身支度や朝ごはんの時間をしっかりとれます。

寝るのが遅くても、起こす時間はかえないで

前の日に寝るのが遅かったからと寝坊させると、睡眠のリズムが後ろにずれてしまいます。早く起こして、早く寝かせることでリズムを整えましょう。

お日様を浴びてさっぱりしましょう

朝はカーテンを開けて、外の光を入れましょう。目覚めがさわやかですし、体内時計がリセットされます。

019-03 **顔を洗って眠気も洗い流しましょう**

水の刺激でしゃっきり目が覚めます。赤ちゃんは、ぬらしたタオルで顔をふいてあげましょう。

朝ごはんを食べましょう

元気に１日過ごせるよう、しっかり栄養とエネルギーをとりましょう。主食（エネルギー源）、たんぱく質、野菜類のバランスがとれているのが理想的です。

019-04

昼

019-05 **たくさん遊びましょう**

日中は、好きな遊びで体と心を動かします。休日も、できれば通園日と同じ時間帯にお昼寝できると生活リズムが乱れにくいです。

夜

019-07 ### お風呂は早めがおすすめです

熱いお風呂で体がポカポカになると、眠気が起こりにくくなってしまいます。寝る１～２時間前に入るのが理想です。また、入浴から寝るまでの時間が短いときは、ぬるめがよいでしょう。

019-06

絵本を読んで寝ようね。

９時ごろにはおふとんに入りましょう

寝る時間を一定にし、９時ごろまでには就寝させましょう。寝る前にはテレビを消す、絵本を読むなど"寝る前の儀式"を決めて、眠りに向かう雰囲気をつくるのもおすすめです。

019-08

019-01

ぐっすり眠って、大きくなろう

小さな子どもにとって、睡眠は体と脳を大きく成長させる時間。十分な睡眠時間をとれているか、生活リズムを見直してみましょう。

生活リズムを整えるホルモンは、睡眠中に分泌され、特に1歳代に急に分泌量が多くなります。小さいころによく眠る習慣をつけることが、発達を促し、生活リズムを整えるというよいサイクルにつながります。

脳では……

成長ホルモンによって、脳の神経のネットワークがつくられます。また、その日に学んだことや記憶を整理したり、働いた脳を休めたりと、子どもの脳は睡眠中に急成長します。

020-02

体内では……

ぐっすり深く眠っているときには、骨や筋肉をつくる成長ホルモンがたくさん分泌されます。

子どもの睡眠は、大人とは時間も質もちがいます。子どもがしっかり眠れるよう、大人が生活サイクルを合わせてあげましょう。

020-01

朝ごはん で 元気の スイッチを押そう！

020-04

育ち盛りの子どもたちは、毎食しっかり食べることが大事です。活動エネルギーを補給するだけでなく、成長のためのエネルギーも必要だからです。朝ごはんをしっかり食べて、元気のスイッチを ON にしましょう！

体のスイッチ

肉や魚など、体をつくるたんぱく質をしっかりとりましょう。体温が上がって、活発に動けるようになります。

020-05

頭のスイッチ

脳は、活動するのにたくさんのエネルギーを使います。脳を元気に働かせるためには、主食（ごはんやパン、めん類など）をしっかりとって。

おなかのスイッチ

朝しっかり食べると、腸が目覚めて動き出し、排便リズムが整いやすくなります。野菜や果物など、繊維質が多いものがおすすめ。

020-03

tsukibetsu
⇩
020-021
⇩
zentai
color
shirokuro

うんち　スルリ、スッキリ出ていますか？

　毎日うんちが出ていなくても、元気で食欲があり、うんちが"スルリ"と出て"スッキリ"するなら、大丈夫。でも、たとえ毎日うんちが出ても、かたいうんちが続いたり、うんちをするのを痛がったりするなら、便秘と考えられます。痛みがあると排便を我慢するようになるため、便秘が悪化しがち。早めのケアが大切です。

便秘のサイン

・かたくてコロコロのうんちが少しだけしか出ない

・うんちの量が少ない

・うんちをするときに強くいきんで泣く、痛がる

　このほか、食欲がない、元気がないなどもよく見られます。

そんなときは！

こんなケアで便秘解消！

・水分をしっかりとらせる

・野菜や海藻類、ヨーグルトなどを食べさせる

・おなかをやさしくマッサージする

・トイレに座る習慣をつける

※なかなか解消しないときは、かかりつけ医に相談を。

021-02

021-03

021-01

新年度、こんなサインに　注意

　新入園のお子さんはもちろん、新しいクラスに進級したお子さんも、新しい環境でがんばっています。新年度は子どもも、体や心の疲れがたまりやすい時期です。

　心の不調が体に出ることもあるので、元気のないときは無理をさせないよう注意してください。しっかり受け止めてもらったという安心感が、心を安定させます。

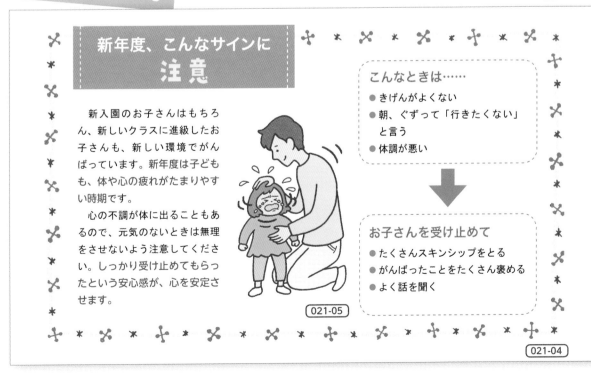

こんなときは……

●きげんがよくない

●朝、ぐずって「行きたくない」と言う

●体調が悪い

お子さんを受け止めて

●たくさんスキンシップをとる

●がんばったことをたくさん褒める

●よく話を聞く

021-05

021-04

21

おすすめの年齢 0・1・2

022-A

気持ちよく過ごす
服のポイント

春先から梅雨の時期は、暑いくらいの日があれば、肌寒く感じる日もあり、朝と日中の気温差が大きい日がしばしばあります。寒いと風邪をひきそうで心配になりますが、子どもは体を動かすとすぐに暑がるもの。
園には、重ね着ができ、こまめに調節できるものを用意してください。

上着は重ね着で
気温差の大きい時期は、厚手のものを着せるより、長そでシャツの上に、半そでシャツやベストを重ね着するほうが調節しやすく、快適に過ごせます。

着替えには長そでと半そでを
気温やその日の活動に合わせて衣類を選べるよう、園の着替えには長そでと半そでの両方の衣類を用意してください。

タイツは避けて！
手や足先は体温調節を担っていて、汗をたくさんかきます。園では、タイツは避けてください。

022-02

022-01

おすすめの年齢 3・4・5

022-B

衣類を見直してけが防止

小さな子どもは……
・頭が重く、体のバランスが悪い
・夢中になると周囲に注意が及ばなくなる
・危険を予測できない

⬇

けがをしやすい!!

お子さんの衣類、ここをチェック

フードのひもはけがの原因に
フードのひもは遊具に引っかかって転んだり、首がしまったりする要因になります。園で着るものはシンプルで動きやすいものを選びましょう。

022-04

ズボンの丈はくるぶしまで
長すぎると転びやすくなります。長いすそを折り上げるだけでは時間とともに落ちてきてしまうので、縫いつけて留めましょう。

靴はピッタリのものを
靴がゆるいと、歩きにくく脱げたり転んだりします。つま先に5mm〜1cmほどの余裕があるものを。

022-03

健康チェック ｜ 年間予定をお知らせします

・内科検診　乳児　毎月1回（第●●曜日ごろ）
　　　　　　幼児　年2回（5月・11月）
・歯科検診　全員　年1回（6月ごろ予定）
・身体測定　乳児　毎月1回
　　　　　　幼児　隔月（5・7・9・11・1・3月）

園では、子どもたちの健康チェックのため、検診や身体測定を定期的に行います。検診日には、登園時間や歯みがきなどのご協力をお願いします。

1年間お世話になる先生をご紹介します

内科　●●●クリニック　●●先生
歯科　●●デンタルクリニック　●●先生

023-02

023-01

目安を守って、元気に登園しよう

　熱やおう吐、下痢などからの病み上がりは、家では元気でも、園で長時間過ごすまでには回復していないことはよくあります。そんな時期に無理をすると、ぶり返してかえって長引くおそれがあるので、登園再開の目安を守って、しっかり回復する時間をとってください。

インフルエンザなどの感染症は、登園再開の目安が決まっています。診断を受けたら、園にご連絡ください。

023-04

熱
・前の日に37.5度を超える熱が出ていない
・解熱剤を使ってから24時間たっている

おう吐
・前日（24時間以内）におう吐がない
・食べたり飲んだりしても吐かない

下痢
・前日（24時間以内）に、水のような便の出た回数が1回まで
・通常の食事を食べても下痢の回数が1日に数回

023-03

23

4月・5月・6月の話題

虫歯は食べ方で防ぐ！？

024-02

「甘いものを食べると虫歯になる」とよく言われますが、じつは、問題なのは「食べ方」です。食べ方を見直して、虫歯を防ぎましょう。

こんな食べ方が虫歯のもとに

だらだら食べる

　遊びながらおやつを食べたり、食後に歯みがきをしなかったりすると、口の中に汚れが長時間たまり、虫歯を招きます。あめやキャラメルなど、長い間口の中に入れたままになるお菓子も要注意です。

やわらかいものばかり食べる

　唾液には、口の中をきれいにして歯を守る働きがありますが、やわらかいものはそれほどかまないので、唾液があまり出ません。また、歯にこびりつきやすく、虫歯を招きます。

虫歯を防ぐ食べ方に変えよう！

おやつの時間を決める

024-03

　時間を決めて、しっかり区切りましょう。甘いものを食べても、その後しっかり歯をみがけば安心です。

よくかんで食べる

024-04

　よくかむと、唾液がよく出ます。「よくかんで」と言っても、子どもにはわかりにくいので、野菜類や海藻類、きのこ類など、かみごたえのある食材を様子を見ながら取り入れましょう。

024-01

歯みがきの効果アップ！ 歯ブラシ・歯みがき粉（歯磨剤）の選び方

フッ素（フッ化物、フッ素化合物）を含む歯みがき粉の使用方法			
年齢	タイプ	使用量	含まれるフッ素濃度
歯の生え始め～2歳	ジェル状泡状	子ども用歯ブラシの1/3 1日1回（仕上げみがきで使用） うがいなし	500ppm（ジェル状） 1000ppm（泡状） ※500ppm未満のものは効果が期待できない。
3～5歳	ペースト状	子ども用歯ブラシの2/3 1日2回程度（うがいしすぎない） 歯をみがいた後、30分は飲食を控える	500ppm（泡状、またはMFP歯磨剤なら1000ppm）

使用する場合は、種類や成分をよく見て、使いすぎに注意しましょう。

024-06

歯ブラシと歯みがき粉

・年齢に合ったものを使う
・歯みがき粉は必ずしも必要ありません

歯みがき粉の種類

　一般的なのはペーストタイプですが、ぶくぶくうがいや吐き出しができない1～3歳の子どもは、ジェル状・泡状・液状などがよいでしょう。

歯みがき粉の成分

　フッ素（フッ化物・フッ化ナトリウムなど）を含む歯みがき粉は、虫歯を予防する効果が期待できますが、フッ素のとりすぎを防ぐため、使用量を守りましょう。研磨成分（炭酸カルシウムや無水ケイ酸など）は、やわらかい乳歯には強すぎるので避けたほうがよいでしょう。

024-05

tsukibetsu
⇩
024-025
⇩
zentai
color
shirokuro

歯みがき中の事故を防ぐ３か条

歯みがき中に、歯ブラシで口の中やのどにけがをする事故を防ぐための３か条を紹介します。歯みがき中の子どもが大人に抱きつき、歯ブラシが刺さるという事故もあります。

子どもが落ち着いた雰囲気で歯をみがけるよう気をつけてください。

NO!

025-02

❶ 歩かない

歯みがき中の事故で最も多いのが、歩いたり走ったりして転ぶケース。歯みがきをする場所を決めておきましょう。踏み台から転落する危険があるので、歯みがき中は座らせると安心です。

025-03

❷ 遊ばない

歯みがき中にほかのことをするのは危険です。事故の中には「寝転んで歯みがき」「ソファに立って歯みがき」など、歯みがきのようで実際は遊びになっているケースが少なくありません。

❸ 手を離さない

歯ブラシから手を離すのは、すでに歯みがき以外のことをしているサイン。「歯みがき中は歯ブラシをしっかり持って」と伝えましょう。

025-01

雨の日の身支度、ここをチェック

雨の日は視界が悪くて交通事故の危険があります。子どもが動きやすく、扱いやすい雨具を選んでください。

また、いつもより時間に余裕をもつと安心です。

レインコートは

手が自由に動かせるよう、そでが長すぎないものを。

長靴は

大きすぎると脱げやすく、重いと動きにくいので、軽くてぴったりのものがよいでしょう。

傘は

● 先端がとがっていないものを。

● 体に合った大きさのものを。就学前で45cmくらいが適切なので、１〜３歳ごろはもう一回り小さいほうが扱いやすいでしょう。

● 持ち手はデザインより持ちやすさを重視します。大きすぎる、細すぎるものは避けて。

025-05

雨具は目立つ色で、軽く、動きやすいものがおすすめです。

025-04

PART 1

月別の「ほけんだより」

7月

tsukibetsu
⇩
026-027
⇩
zentai
color
shirokuro

26

026-01

ほけんだより　7月号

令和●年●月●日
●●●●園
●●●組
●●● ●●●●●

汗には体温を調節する大切な役割があり、子どものころに汗をかく機会が少ないと、汗を分泌する汗腺が働かなくなってしまいます。たくさん遊んで、汗をいっぱいかいた後は、洗ってさっぱりしましょう。

汗ケア・スキンケアですこやかな肌を保ちましょう

❶ お風呂でよく洗い流しましょう

汗に含まれる塩分などが、皮膚への刺激になります。入浴できないときは、ぬらしたタオルでふき取るとよいでしょう。

あせもができやすい場所をチェック

・頭〜うなじ、首
・背中や胸
・腰〜おしり
・ひじの内側
・ひざの裏、太ももの内側　など

汗をかきやすいところ、たまりやすいところにできます。

026-03

❷ 夏でも忘れず保湿しましょう

子どもの皮膚は薄く乾燥しやすいので、汗などの刺激から守るためにも保湿が大切です。

虫刺されがないかチェック

蚊に刺されただけでも、小さな子どもはかなりはれます。肌をチェックして、かゆみがあるところは冷やしてあげましょう。

❸ 寝汗もなるべく取ってあげましょう

睡眠中の汗は、寝入りばなの1時間ほどの間にたくさん出ます。寝る前に、背中とパジャマの間にタオルなどをはさんでおき、後でそっと抜いてあげるとよいでしょう。

026-04

026-02

027-01

令和●年●月●日
●●●●園
●●組
●●● ●●●●●

ほけんだより 7月号

夏は湿度が高く、汗でしっとりするため、肌が乾燥しにくい時期です。かさかさしていないので、保湿ケアがおろそかになりがちですが、夏にしっかり保湿することが、冬の乾燥に負けない肌をつくります。

夏のスキンケア、ここをチェック！

❶ 夏こそ保湿！

肌のバリア機能は3歳ごろにはだいぶ強くなりますが、子どもの皮膚は大人より薄く、敏感です。夏は、さっぱりとしたローションタイプの保湿剤などを使って、よい状態をキープしましょう。

027-03

❷ つめは短く切りましょう

虫刺されなどをかきむしって皮膚を傷つけると、細菌が皮膚に感染してとびひの原因となります。つめは短く切って、角はやすりで丸くしてあげましょう。1週間に一度はつめを見て、こまめに切ってください。

027-04

❸ 日焼け止め、虫よけは正しく使って

日焼け止めや虫よけは、かぶれないかどうか、少量試してから使ってください。虫よけには、揮発成分を含むものがあるので、日焼け止めを塗ってから虫よけを使うとよいでしょう。ただ、日焼け止めも虫よけも肌には刺激になるので、薄い長そでをはおらせるなど、肌の露出を避ける工夫も大切です。

027-05

日焼け止め　虫よけスプレー

027-06

027-02

028-A

月別の「ほけんだより」

8月

tsukibetsu
↓
028-029
↓
zentai

color

shirokuro

028-01

ほけんだより　8月号

令和●年●月●日
●●●●園
●●●組
●●● ●●●●●

子どもは、外気温の影響を受けやすく、暑い夏には体の中の温度が早く上昇します。そのため、大人よりも早く熱中症にかかりやすいのです。暑さ対策をしっかりして、夏を乗り切りましょう。

暑さから子どもを守りましょう！

32度

35度

35度

028-03

小さな子どもは、大人よりも暑さの影響を強く受けます。というのは、強い日差しの照り返しで、地面に近づくほど気温が高くなるためです。

気象予報などで発表される気温は、地上から150cmの高さで測っていますが、気温32.3度のとき、50cmの高さでは35度超、5cmの高さでは36度超。ベビーカーに乗っている子どもはかなりの暑さにさらされているのです。

日中の外出は……

なるべく
日陰を
選んで歩く

暑さの厳しい
12〜14時の
時間帯を避ける

ベビーカーを使うときはここもチェック！

❶日よけで空気がこもらないように

ベビーカーに装着する日よけは、風通しも悪くなりがちです。日よけの中に熱い空気がこもらないよう注意しましょう。

❷こまめに様子を見て

多くのベビーカーは、シートが進行方向を向いていて、大人から子どもの様子が見えにくくなっています。こまめに顔色やきげんのよしあしをチェックし、汗をふいてあげましょう。

❸水分補給をしっかり

赤ちゃんや小さな子どもは汗っかきなうえ、「のどがかわいた」と言えません。油断せず、水分をこまめにとらせましょう。

●脱水かな？と思ったら

脱水の症状が表れたときは、水分と同時に塩分も補給するようにしましょう。経口補水液を少しずつ与えるのがベストです。ドラッグストアなどで販売されている経口補水液ですが、自宅でもつくることができます。水500mLに対して、塩1.5gと砂糖20g、レモン汁少々を混ぜてよく溶かすだけで完成です。

※経口補水液は塩分濃度が高いので、普段の水分補給には適していません。

028-02

ほけんだより　8月号

029-01

令和●年●月●日
●●●●園
●●●組
●●●　●●●●●

汗を分泌する汗腺の数は、大人も子どもも同じですが、子どもは汗腺の密度が高く、汗をかきやすいです。汗は体温を下げる一方、あせもなどの皮膚トラブルのもとになります。暑さと汗、両方の対策が大切です。

暑い夏を元気に乗り切りましょう

子どもは、大人よりも体温が上がりやすく、汗をたくさんかきます。毎日着る服をちょっと工夫して、夏を快適に過ごせるようにしてあげましょう。

シャツ

えりぐりやそで口がゆったりしていると風通しがよく、涼しく感じられます。汗をよく吸う綿や、速乾性のある素材のものがおすすめです。暑くて肌着をいやがるときは、やわらかいシャツを着せてあげましょう。

帽子

頭部に直射日光が当たると、めまいや吐き気が起こります。外出するときは、帽子をかぶらせましょう。うなじまでカバーできるのが理想的です。

029-03

靴

大人はサンダルのほうが涼しくてよいと考えがちですが、子どもの足は未熟で骨もやわらかい状態。思いきり遊ぶためには、足に合った運動靴をはくことが大切です。

ズボン

普段は涼しい半ズボンで、レジャーなどで虫刺されを防ぐためには長ズボン、といった具合に、場面に合わせて選んであげましょう。

車の中の暑さにも気をつけて

旅行などで、車に長時間乗る機会が増えます。車内の暑さ対策も大切です。

❶ 日差しを防ぐ工夫を

エアコンをかけていても、直射日光が当たると暑いもの。子どもが座るチャイルドシートのそばに日よけを設置するなど、日差し対策をしておくと安心です。

029-04

❷ 決して子どもだけ車中に残さない

炎天下の車内は、あっという間に室温が上がります。エアコンをつけていても、エンジンがオーバーヒートして停止したり、子どもがスイッチをいたずらしたりする危険があります。短時間でも、絶対に子どもだけを車内に残してはいけません。

029-02

月別の「ほけんだより」

9月

tsukibetsu
↓
030-031
↓
zentai
color
shirokuro

030-01

ほけんだより　9月号

令和●年●月●日
●●●●園
●●●組　●●●●
●●●　●●●●●

ご家庭での事故やけがへの注意は万全でしょうか？　小さな子どもは、まだ何が危険かを予測することができず、好奇心旺盛で怖いもの知らずです。大人が、安全な環境を整えてあげましょう。

家の中の事故を防ぎましょう

39mm

　子どもにとって安心して過ごせる家の中が、じつは事故の危険の高い場所だということをご存じでしょうか？　0〜6歳の子どもの事故の約40%は、家の中で起こっています。

　家の中で起こる事故はさまざまですが、特に命にかかわるのが、窒息です。0歳児が圧倒的に多いものの、1歳児、2歳児でもゼロではありません。家の中を安全・安心な場所にするために、もう一度チェックしてください。

小さいものはしっかり管理

　3歳の子どもの口の大きさは約4cm。これより小さなものは、子どもの手の届かないところに保管しましょう。ボタン電池、ナッツ類、たばこ、薬など、身近なものでも飲み込むと危険なものはたくさんあります。

リビングなど　030-03

ソファーやベビーベッドから落ちたり、たばこを飲み込んだりといった事故がよくあります。

キッチン　030-04

炊飯器や電気ポットなど、調理器具によるやけどが多い場所。

浴室　030-05

残り湯に落ちる、入浴中にちょっと目を離したすきにおぼれるなど、水の事故の危険があります。

ベランダ　030-06

台などに上って手すりを越える事故が、3歳以降急増します。危険なものがないかチェックしましょう。

030-02

ほけんだより　9月号

031-01

令和●年●月●日
●●●●園
●●●組
●●● ●●●●●

9月9日は「救急の日」です。救急とは、急なけがや体調不良の手当てをすること。この機会に、けがを防ぐために気をつけることをご家庭で話し合ってみてください。また、救急箱も要チェックです。

交通ルールを守って、事故を防ぎましょう

1〜14歳の子どもの死亡事故で最も多いのは交通事故です。小さいころから交通マナーを伝えることが、子どもの命を守ります。

ここもチェック❶

駐車場も注意

事故は駐車場でも起こります。道路や駐車場など、車が多い場所では、必ず手をつないで歩く習慣をつけましょう。

031-03

ここもチェック❷

自転車の死亡事故も多い

自転車に乗っているときの事故も増えています。スピードを出さない、曲がり角では停止するなど、自転車のルールもしっかり伝えましょう。

交通事故を防ぐために心がけたいこと

❶ 普段から交通ルールを教えましょう

朝夕の送り迎えは、交通ルールを学ぶ大切な時間。横断歩道を渡ること、歩道から飛び出さないこと、信号の意味などを伝えましょう。

031-04

❷ 大人もルールを守りましょう

急いでいると、信号を無視したり、道路を横切ったりしたくなりますが、子どもは見ています。みんなで交通ルールを守りましょう。

031-05

❸ 事故を招かない工夫をプラス！

大人が、子どもの事故を防ぐことも大切です。
- 道路の反対側から子どもを呼ばない
- 後部座席はチャイルドロック
- 道路で遊ばせない
- チャイルドシートやシートベルトを正しく使う

など、できることはたくさんあります。

031-06

031-02

7月

0-5　032-A

雨の晴れ間には夏の日差しが降り注ぎ、子どもたちは大好きな水遊びを楽しんでいます。気温も湿度も一気に上昇していくこれからの季節、食事や睡眠にはいつも以上に気を配っていきましょう。

0・1・2　032-B

本格的な夏が、そこまできています。0・1・2歳児は代謝がとても活発で、体温調節の機能が未熟なため、汗をかく季節にはたくさんの水分が必要です。こまめな水分補給を心がけてください。

0・1・2　032-C

梅雨が明けず、じめじめと蒸し暑い日が続いています。熱中症は室内や車の中でも起こります。それほど気温が高くない日、そして短時間でも、絶対に子どもを一人にしないでください。

3・4・5　032-D

園内のササ飾りにたくさんの願い事が揺れています。梅雨の晴れ間には、元気いっぱいに外遊びを楽しんでいる子どもたちですが、体は意外に疲れています。ゆったり過ごす時間もつくりましょう。

8月

0-5　032-E

本格的な夏です。たくさん汗をかくと体力を消耗します。食欲も落ちやすい季節ですが、たくさん食べてしっかりと休息をとり、体調の変化に気をつけながら、元気に夏を楽しみましょう。

0・1・2　032-F

暑い夏がやってきました。毎日こまめに水分補給をすることが大事ですが、冷たすぎる飲み物やアイスクリーム、糖分が多い飲み物は、食欲不振や夏バテの原因につながるため注意が必要です。

0・1・2　032-G

汗をかく季節です。皮膚トラブルの予防のために、たくさん汗をかいたときはせっけんなしでぬるめのシャワーを浴びたり、こまめにおむつ替えや着替え、そして保湿をしてください。

3・4・5　032-H

猛暑と熱帯夜が続いています。昼間のこまめな水分補給とともに、しっかり栄養をとること、そして夜は、ぐっすり眠って体力を回復できるよう、クーラーや扇風機を上手に使ってください。

9月

0-5　032-I

夏が過ぎ、ひと回り大きく、たくましくなった子どもたち。まだまだ続く暑さの中で、元気にお散歩や外遊びを楽しんでいますが、夏の疲れが出てくるころです。しっかりと睡眠をとってください。

0・1・2　032-J

子どもたちのいきいきとした表情に、心と体の成長を感じるこのごろ。朝夕は過ごしやすくなってきました。自然の変化、旬の食べ物の変化など、日本の四季を感じつつ過ごしていきましょう。

0・1・2　032-K

暑さもようやく一段落し、朝夕の風には秋の気配が感じられるようになりました。1日の中の気温差が大きくなるこの時期は、体調をくずしやすいときです。毎日の体調の変化にご注意ください。

3・4・5　032-L

暑さがやわらぎ、外遊びの時間が増えてくると、小さなけがも多くなります。9月9日は「救急の日」です。この機会におうちの救急用品の中身を見直したり、応急処置の方法も学んでおきましょう。

tsukibetsu
↓
032-033
↓
zentai
color
shirokuro

水遊び が始まります

子どもたちが大好きな夏がやってきました！　園では、気温などを見ながら、安全に配慮して水遊びを始めます。水遊びは、意外と体力を消耗するため、夜は早めに寝かせるなど、疲れを残さないようお願いします。園でも子どもの体調をよく見ていきますが、朝、体調の悪いときは職員に伝えてください。

子どもたちが、安全に水遊びを楽しめるよう、ご協力をよろしくお願いします。

033-02

「いつもとちがう」ことがあったらお知らせください！

下痢などの体調不良はもちろん、朝起きたときのきげん、顔色、食欲など。

033-03

つめは短く切ってください！

つめが伸びていると、引っかかってけがをしたり、お友達をひっかいてしまったりと、思わぬけがを招きます。

お休みの日の水遊びは、ここに注意！

必ず大人が付き添って

033-04

子どもは転びやすいうえに、腕力が弱く自分で起き上がることが難しいもの。水深が浅い水でもおぼれる危険があるので、必ず大人が付き添って見守りましょう。

気温をチェック

033-05

暑い日は水遊び向きと考えがちですが、小さなプールでは水がすぐに温まってしまいます。気温や暑さ指数をチェックして、暑すぎる日は注意しましょう。

アウトドアでは

靴やライフジャケットを用意して

033-06

川や海で遊ぶときは、子ども用のライフジャケットを着せると安心です。また、川では石やガラスなどによるけがを防ぐために、靴をはかせましょう。

周辺の気象情報をチェック

033-07

川では、上流で降った雨やダムの放流などで急に水かさが増えることがあります。海では、遠い台風や低気圧の影響で波が高くなることがあります。周辺の気象情報をチェックしておきましょう。

033-01

7月・8月・9月の話題

3つのポイントで 食中毒を防ぐ！

夏は気温や湿度が高くなりますし、レジャーでバーベキューなど、普段とちがう環境で調理したり食べたりする機会が増えます。そのため、夏は食中毒が増えます。ご家庭でも、3つのポイントを守って食中毒を防ぎましょう。

ポイント1 生の肉、魚は要注意！

トングなどの調理器具 分けていますか

生の肉や魚に触れた手や調理器具を介して、食中毒菌が広がる危険があります。

バーベキューでは、生肉に触れたはしやトングで、焼き上がった野菜を取り分けたために、食中毒を起こしたケースがあります。

034-02

● 調理器具、特にまな板と包丁は使うたびによく洗う
● 生肉、生魚を扱った調理器具は、洗って熱湯をかけてから、ほかの食材に使用する。肉用、魚用、野菜用と分けられればベスト
● 調理前はもちろん、調理中も生ものに触れたらよく手を洗う

ポイント2 菌はあっという間に増える

夏場は、 「すぐに冷蔵庫」に入れて

食中毒菌は暖かい場所を好み、どんどん増えます。買ったものや残りものは、すぐに冷蔵庫にしまいましょう。シチューやカレーは温かい状態で放っておかず、鍋ごと水につける、小分けにするなどで冷まします。

034-03

● 買い物から帰ってきたら、生ものはすぐに冷蔵庫に！
● 残りものはすぐに冷まして冷蔵・冷凍する
● 再冷凍はしない

ポイント3 中途半端な加熱はNG！

表面だけの加熱では 細菌は死滅しません

細菌やウイルスを体内に入れないために、十分に加熱して細菌を死滅させます。ただ、きのこやふぐなどに含まれる自然毒は、加熱しても防げません。「加熱すればOK」という過信は禁物です。

034-04

● しんまでしっかり加熱する（中心の温度が75度以上の状態を1分キープ）
● レンジで加熱するときはときどきかき混ぜて、まんべんなく加熱する

034-01

tsukibetsu
⇩
034-035
⇩
zentai
color
shirokuro

熱中症はどうして起こる？

体には熱を逃がす働きがある

運動すると、体がポカポカして汗が出てきます。皮膚の表面から熱を逃がしたり、汗を蒸発させて体温を下げたりして、体内の温度が上がりすぎるのを防いでいるのです。

035-02

熱中症の危険があるとき

気温が高い

皮膚から熱が放出されにくくなります。

湿度が高い

汗が蒸発しにくくなります。

水分不足

体内の循環が悪くなって熱を放出しにくくなります。

急に暑くなった

体が暑さに慣れていないため、熱の放出がうまくいきません。

035-03

顔がほてる・体が熱くなる、吐き気・おう吐のほか、気分が悪くなることがあります。ひどくなると意識障害を起こします。

熱中症を防ぐ４つのポイント

❶ 気温や注意報をよく見る

気温や湿度が高いときや、暑さ指数が「警戒」「厳重警戒」「危険」のときは、屋外での活動を控えましょう。

❷ 水分補給は前もって

小さな子どもは「のどがかわいた」と言えません。出かける前、遊ぶ前に水分をとらせ、その後もこまめに少しずつ飲ませましょう。

035-04

❸ 暑さに体を慣らそう

暑いからといって外に出ないと、体が暑さに慣れずかえって熱中症のリスクが上がります。適度に外で遊んで、暑さに慣らしておきましょう。

❹ 無理をしない

外で活動しているとき、体調が悪くなったときはもちろん、元気でも顔が真っ赤で汗をたくさんかいているのは、体内の温度が上がっているサイン。すぐに涼しい場所で休ませ、水分をとらせます。

035-05

熱中症を疑ったら

涼しいところへ移動し、衣服をゆるめて風通しをよくし、頭を低くした状態で寝かせます。塩分・糖分を含んだイオン飲料をこまめに少しずつ与えましょう。

035-01

036-02

気をつけたい 夏風邪

咽頭結膜熱（プール熱）
いんとうけつまくねつ

その名のとおり、のど（咽頭）と目（結膜）に炎症が起こり、高い熱が出ます。うつりやすいため、家族みんなでこまめに手を洗い、タオルなどを共有するのはやめましょう。

特 徴
・38 〜 40 度の高い熱が数日続くことも ・のどが痛む ・白目が充血（赤くなる）し、まぶたがはれる、涙や目やにが出る 【登園再開の目安】 熱や目の症状が治まった後、2 日が経過したら

ヘルパンギーナ

突然高い熱が出て、数日続きます。口の中に水ぶくれができ、2 〜 3 日ほどで破れて潰瘍になって痛みます。原因となるウイルスが複数あるため、繰り返しかかることがあります。
かい
よう

特 徴
・口の中、のどに白っぽい水ぶくれができる ・高い熱が数日続くことが多い 【登園再開の目安】 熱や口の中の水ぶくれ・潰瘍が治まり、普段の食事がとれるようになったら
かいよう

手足口病

最初に口の中にポツポツができ、痛みのため飲んだり食べたりするのをいやがります。このときに熱が出ますが、半数は熱を伴いません。その後、手のひら、足の裏に赤っぽい水ぶくれができて痛みます。原因となるウイルスが複数あるため、何度もかかる可能性があります。

特 徴
・口の中のポツポツが痛むため、飲んだり食べたりするのをいやがる ・手のひらや足の裏にポツポツができる 【登園再開の目安】 熱や口の中の水ぶくれ・潰瘍が治まり、普段の食事がとれるようになったら
かいよう

おうちで休むときは……

水分補給をしっかり

暑さや熱で水分が失われると、口の中やのどに痛みが出やすく、食べるのをいやがりがち。アイスクリームやゼリーなど、口当たり、のどごしのよいものを少しずつとらせるか、脱水にならないように水分だけは飲ませるようにしましょう。

036-03

回復するまで

夏風邪は、どれも特効薬はありません。休むことがいちばんの薬です。しっかり休んで回復させるほうが、ぶり返しにくく、長引きません。

036-01

tsukibetsu
⇩
036-037
⇩
zentai

color

shirokuro

夏の肌トラブル

蚊 に刺されたとき

大人が蚊に刺されるとすぐにはれ、じきに治まります。ところが、小さな子どもは、刺されてしばらくたってから、びっくりするほど大きくはれて水ぶくれができることもあります。かき壊さないよう、早めに手当てしましょう。

ケアは

① 刺されたところを水で洗い流します。
037-02

② かゆみ止めを塗ったり、ぬらしたタオルやハンカチで包んだ保冷剤などを当てたりして、かゆみをやわらげます。

037-03

あせも ができたとき

汗を分泌するところに、汗やほこりなどがつまって炎症が起こった状態です。汗をかきやすい部位に赤い小さなポツポツがたくさんできて、かゆくなります。

ケアは

シャワーなどで汗をよく洗い流します。外出先などでは、汗の成分が皮膚に残らないよう、ぬらしたタオルで汗をふき取りましょう。

予防は

汗をよく吸い取る綿の肌着やシャツを着せましょう。

037-04

とびひ ができたとき

皮膚をかきむしって傷ができたところに、細菌が感染して、ジクジクした湿しん（とびひ）ができます。とびひは感染力が強いうえに、ひどくかゆいため、かいた手で体のほかの部分を触ると、そこにも湿しんが広がります。

ケアは

シャワーを浴び、皮膚の清潔を保ちます。かき壊して広がる、周りに感染するのを防ぐためにガーゼなどで保護することがあります。

肌トラブルを防ぐために

- 皮膚を傷つけないようにつめを短く切る
- かゆみをやわらげるように冷やす、かゆみ止めを塗る
- 治りが遅い、広がった、湿しんが変化したときは、小児科や皮膚科を受診

治療は

抗菌薬の塗り薬を使います。よくならないときは抗菌薬の内服をします。

037-01

おすすめの年齢 0ー5

038-A

のどが痛いときの食事のポイント

のどが痛いと食べたり飲んだりするのをいやがるもの。そんなときは食事のバランスよりも、本人が食べられるものを優先しましょう。

○ 冷たいもの

038-02

ゼリーやプリン、アイスクリームなど冷たいものは、のどの粘膜の感覚を鈍らせるので、飲み込みやすいです。

○ やわらかく飲み込みやすいもの

038-03

あまりかまずにのど越しよく食べられる、うどんやおかゆがおすすめです。

✕ すっぱいもの

038-04

オレンジやミカン、トマトなど酸味のあるものは避けましょう。

038-01

おすすめの年齢 0ー5

038-B

子どもの体の 70% が水分　脱水を起こしやすいので要注意！

体温の調節機能が十分発達していないにもかかわらず、代謝が活発な乳児・幼児は、脱水を起こしやすいので、特に注意が必要です。

脱水になりやすい条件
● 汗をたくさんかいている　● のどが痛く、水分がとれない
● 食欲がなく、水分もとれない　● おう吐や下痢をしている

脱水にならないために
● 外出前、遊ぶ前から、前もって少しずつ水分をとる
● 汗をたくさんかくと塩分も排出されるので、食事におみそ汁やスープなどを加える
※子どもはのどがかわいても自分では言えないので、保護者が積極的に飲ませるようにしましょう。

初期の脱水のサイン
● トイレに行く回数や、おしっこの量が少ない（おしっこの色が濃い）
● 汗をかいてない
● 唇や皮膚が乾燥している

038-06

乳児 70%　大人 55〜66%

脱水のサインが見られたら
● 経口補水液（またはスポーツドリンク）を少しずつ飲ませる
※経口補水液は脱水症状が見られたときに飲むものなので、日常の飲料として使用すると塩分・糖分のとりすぎになるので注意しましょう。

脱水が進行すると
● 顔色が悪い
● ぼーっとしてる、元気がない、ぐったりしている
● 体温が上がる、逆に皮膚が冷たくなる

038-05

レジャーの計画、無理なく立てて

❶ 急な体調不良に備えて

急に体調をくずしたときに慌てなくてすむよう、準備をしておきましょう。

- 健康保険証や医療証
- いつも飲ませている薬
- 体温計
- 絆創膏　など

039-02

❷ 移動中も休憩を

039-03

体を動かしていなくても、急に環境がかわると子どもには負担がかかります。こまめに休憩をとって、気分転換を。

❸ 疲れをしっかりとって

小さな子どもほど疲れやすいのに、自分でうまく言うことができません。旅行から帰ったら1日くらい家でゆっくり過ごせるようなスケジュールが理想的です。

039-04

039-01

レジャーの計画、無理なく立てましょう

❶ おやつも計画的に

移動中に、おやつを食べさせすぎないよう気をつけて。きげんはよくなりますが、甘いもののとりすぎになりがちです。

039-06

❷ 生活ペースは子ども優先で

子どもは大人より体力がないのはもちろん、"食いだめ・寝だめ"がききません。食事や睡眠の時間が普段と大きくかわらないようにしましょう。

039-07

❸ しっかり休ませて

楽しくはしゃいでいても、少しずつ疲れはたまっていきます。疲れが残ると体調をくずしやすいので、しっかり休む時間をつくりましょう。

039-08

039-05

39

おすすめの年齢 0 — 5

040-A

猛暑対策

エアコンを上手に使って涼しく過ごしましょう

040-02

室内の温度差を少なくする

天井と床では、室温が1～2度変わると言われています。大人にはちょうどよく感じても、小さな子どもには寒すぎることも。扇風機などで室内の空気を循環させましょう。

冷風がじかに当たらないようにする

冷たい風に当たり続けると、体が冷えてしまいます。特に睡眠中は、子どもにエアコンや扇風機の風が当たらないよう気をつけて。

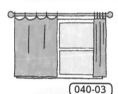

040-03

まず衣類で調整する

家でエアコンをつけていても暑いと感じたら、エアコンの温度を下げる前に、大人が薄着になりましょう。

040-04

040-05

040-01

おすすめの年齢 0 — 5

040-B

夏は寝冷えに注意！

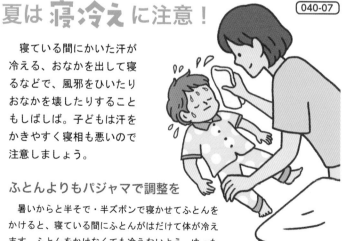

040-07

寝ている間にかいた汗が冷える、おなかを出して寝るなどで、風邪をひいたりおなかを壊したりすることもしばしば。子どもは汗をかきやすく寝相も悪いので注意しましょう。

ふとんよりもパジャマで調整を

暑いからと半そで・半ズボンで寝かせてふとんをかけると、寝ている間にふとんがはだけて体が冷えます。ふとんをかけなくても冷えないよう、ゆったりとした長めのパジャマがおすすめです。

汗をふいてあげましょう

寝入りばなは汗をかきやすいので、まず汗をふいてあげて、しばらくしてからふとんをかけてあげてもいいでしょう。

寝る場所の温度をチェック

床近くは冷気がたまりやすいので、子どもが寝る場所で室温を測ってみます。低すぎる場合は、エアコンの設定温度を見直しましょう。

040-06

tsukibetsu
⇩

040-041
⇩

zentai

color
shirokuro

蚊に刺されると、すごくはれるのはなぜ？

蚊は、血液を吸うときに自分の口から唾液の成分を私たちの体に注入します。この成分に、免疫が過剰に反応してアレルギーを起こし、はれやかゆみを起こします。

ただ、蚊に刺されたことのない赤ちゃんや小さな子どもでは、体の中でアレルギーが起こるのに時間がかかり、反応も強くなります。そのため、少し時間がたってから、すごくはれてびっくりすることがあります。

1〜2日後にはれてくる

刺された翌日くらいから、赤くはれたり、水ぶくれになったりし、数日続きます。

041-02

ひどいときは病院へ

炎症を抑えるステロイドの塗り薬が必要な場合がありますし、水ぶくれからばい菌が入る危険があります。ひどいときは早めに小児科や皮膚科で相談しましょう。

041-01

「たかが蚊」とあなどらないで

赤ちゃんのころは蚊に刺されるとひどくはれていたのが、成長とともに、ちょっとふくれて、1〜2時間ほどで治まるようになってきます。「これなら大丈夫」と思いたいところですが、子どもはかき壊して傷になることがあるので注意しましょう。

虫を寄せつけない工夫も大事

長そで、長ズボンで肌を覆う、虫よけを適切に使うなどで、蚊に刺されるのを防ぎます。

041-04

かき壊しから皮膚トラブルになることも

虫刺されをかいて皮膚に傷ができ、そこからばい菌が入り「とびひ」などの皮膚トラブルを起こすことがあります。かき壊しを防ぐためには、次のポイントに気をつけましょう。

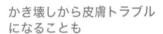
かゆみをやわらげる

かゆみ止めを塗ったり、水で冷やしたりしてかゆみをやわらげます。

つめを切る

つめが伸びていると皮膚を傷つけます。短く切って、角はやすりなどで削ってあげましょう。

041-03

虫よけ を 使うときは……

使える年齢・回数をチェック！

虫よけ成分や濃度によっては、使用できない月齢や年齢が決まっていたり、1日に使える回数が制限されていたりします。必ず、使用説明書をチェックしましょう。

使い始めのときは、少しだけ塗ってみて、皮膚に赤みやかゆみが出ないことを確かめましょう。

042-02

タイプを選ぶ

スプレータイプの虫よけは手軽ですが、小さな子どもに使うと、虫よけ成分を吸い込んでしまうおそれがあります。ジェルやクリームなど、肌に塗るタイプのほうが安心です。

042-03

042-01

赤ちゃんの 日焼け止め

どうしている？

効き目のマイルドなものを

日焼け止めは、SPF の数値が高く、PA の＋（プラス）の数が多いほど紫外線防止の効果が強いのですが、その分肌にかかる負担も大きくなります。赤ちゃんや小さな子どもには、「子ども用」「赤ちゃん用」と書かれているものがよいでしょう。

042-05

日光に当たりすぎない

日焼け止めを使うだけでなく、日傘や帽子で日差しを遮りましょう。また、強い日差しは体力をうばいます。夏の強い日光に当たる時間を短くすることも大事です。

帽子を活用して

帽子のつばが7cmあると、日焼けの原因となる紫外線を約60%カットできるというデータも。

042-04

tsukibetsu
⇩
042-043
⇩
zentai
color
shirokuro

子どもの**日焼け**、上手に防ぎましょう

日焼け止めの使いすぎはかえって肌に負担をかけてしまいます。むやみに強いものを使うのではなく、状況によって上手に使い分けましょう。また、最初に少し肌に塗ってみて、合うかどうかを確かめて。

043-02

普段のお出かけには
マイルドなものを

普段使う場合は、SPF15〜20程度のマイルドなものでよいでしょう。

レジャーには強めのものを

日差しの強い海や山に行くときは、少し強め（SPF30〜）の日焼け止めでもよいでしょう。

「塗りっぱなし」に
しない

日焼け止めは、汗をふいたり肌をこすったりすると取れてしまうため、2〜3時間を目安に塗り直して。また、帰ったら早めに洗い流しましょう。

レジャーは時間帯と
季節に注意

紫外線は、午前10時〜午後2時が最も強くなります。一方、私たちの皮膚は、夏から秋にかけて徐々に、紫外線へ備えていきます。日焼けを防ぐには、「太陽が高い時間帯」と「夏のはじめのレジャー」に特に注意！

043-01

花火は楽しく安全に！

ルールは最初に伝える

「人に向けない」「振り回さない」「花火を持ったまま歩かない」などの注意点を、最初にしっかり伝えます。

043-04

花火が禁止されている場所ではないか確認しましょう。

043-06

柄の端を握り、体から離して持つ。

043-05

そで口やすそがひらひらした衣類は避ける。

小さな子どもが火に近づかないよう注意。

火花が足元に落ちることがあるので、靴をはかせて。

043-03

おすすめの年齢 0 － 5

044-A

つめの伸びすぎ・切りすぎはトラブルのもと

長すぎるとひっかきやすい

子どもの皮膚は薄いので、つめが伸びていると肌をかいたときにひっかいて傷になることがあります。また、つめが衣類などに引っかかりやすくなります。1週間に1回、つめをチェックして整えてあげましょう。

短すぎると巻きづめになりやすい

つめを短く、丸く切りすぎると、つめの両端が皮膚に食い込む「巻きづめ」になりやすくなります。

つめの白い部分を少し残して、まっすぐに切りましょう。角は切り落すのではなく、やすりで丸く整えます。

044-02

特に足の指は巻きづめになりやすいので、切りすぎに注意しましょう。

044-03

044-01

おすすめの年齢 0 － 5

044-B

夏こそしっかり食べましょう

食べ方 check!

元気な体は毎日の食事から。暑さに負けない体をつくるためにも、しっかり食べましょう。

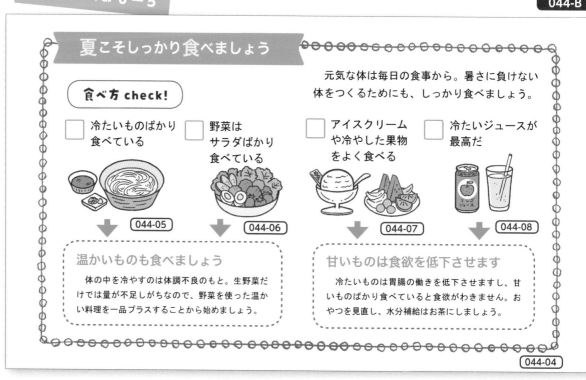

☐ 冷たいものばかり食べている

☐ 野菜はサラダばかり食べている

☐ アイスクリームや冷やした果物をよく食べる

☐ 冷たいジュースが最高だ

044-05　044-06　044-07　044-08

温かいものも食べましょう

体の中を冷やすのは体調不良のもと。生野菜だけでは量が不足しがちなので、野菜を使った温かい料理を一品プラスすることから始めましょう。

甘いものは食欲を低下させます

冷たいものは胃腸の働きを低下させますし、甘いものばかり食べていると食欲がわきません。おやつを見直し、水分補給はお茶にしましょう。

044-04

汗をたくさんかきましょう！

汗を出す「汗腺」は、赤ちゃんも大人もほぼ同じ数だけあります。ところが、いつも冷房の効いた室内にいて汗をかく機会が少ないと、汗腺が働かなくなって汗をかきにくい体になってしまいます。

汗には、体温を調節する大切な役割があります。働く汗腺の数が決まるのは3歳までと言われていますから、小さいころこそ、たくさん体を動かして汗をかくことが大切です。

045-02

045-03

汗を放っておかないで

あせもを防ぐには、汗や、汗に含まれる塩分などを洗い流すことが大事。汗をかいたらぬらしたタオルでふく、シャワーを浴びさせるなどで汗を取り除きましょう。

045-01

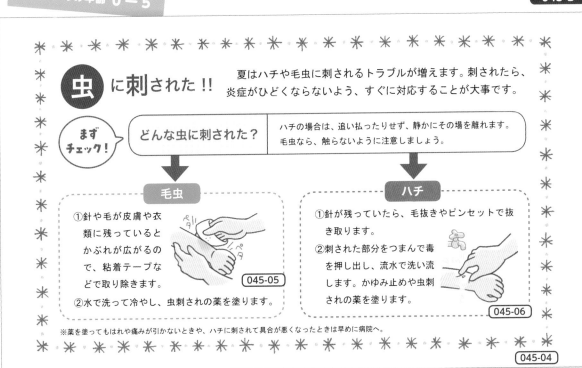

虫に刺された!!

夏はハチや毛虫に刺されるトラブルが増えます。刺されたら、炎症がひどくならないよう、すぐに対応することが大事です。

まずチェック！ どんな虫に刺された？

ハチの場合は、追い払ったりせず、静かにその場を離れます。毛虫なら、触らないように注意しましょう。

毛虫

①針や毛が皮膚や衣類に残っているとかぶれが広がるので、粘着テープなどで取り除きます。

045-05

②水で洗って冷やし、虫刺されの薬を塗ります。

ハチ

①針が残っていたら、毛抜きやピンセットで抜き取ります。

②刺された部分をつまんで毒を押し出し、流水で洗い流します。かゆみ止めや虫刺されの薬を塗ります。

045-06

※薬を塗ってもはれや痛みが引かないときや、ハチに刺されて具合が悪くなったときは早めに病院へ。

045-04

046-A

とっても大事！ 鼻のケア

鼻の中は粘膜に覆われていて、ウイルスや細菌、ほこりなどをキャッチして、鼻水といっしょに外に追い出しています。子どもの鼻の中はとてもせまいので、少し鼻水が増えただけでもつまりやすいもの。小さな子どもは上手にはなをかめないので、こまめに鼻水を取ってあげましょう。

❶ 鼻水をつまむようにふき取る

046-02

ティッシュペーパーやガーゼなどで、鼻水をやさしくふき取ります。こすらないように気をつけて。

> 鼻水が固まっているときは……
> 温かいタオルを鼻のつけ根に当てると鼻水が出やすくなります。鼻水が緩みやすいおふろ上りにていねいにふいてあげるのもよいでしょう。

❷ 鼻の下に保湿剤を塗る

046-03

鼻水や、ティッシュの刺激で鼻の下の皮膚が荒れやすくなります。鼻水をふいたら、保湿剤を塗ってあげましょう。

046-01

046-B

鼻水のケアは、やさしく片方ずつ

鼻の奥は耳（中耳）とつながっています。風邪をひいたときにはなを強くかむと、鼻の中のウイルスや細菌が中耳に送られ、中耳炎の原因になります。普段から、鼻水は「片方ずつ、やさしく」かむよう伝えましょう。

❶ 046-05

フーンだよ

ティッシュペーパーを半分に折り、鼻に当てます。片方の鼻の穴を軽くふさぎ、鼻から息をやさしく吹くよう声をかけます。

❷ 046-06

反対側もフーンだよ

出てきた鼻水をつまむようにしてティッシュペーパーでふきとります。反対側のはなも同じようにかませます。

❸ 046-07

はなをかむときは、鼻水に混ざっているウイルスなどが手につきます。はなをかみ終わったら、手を洗いましょう。

046-04

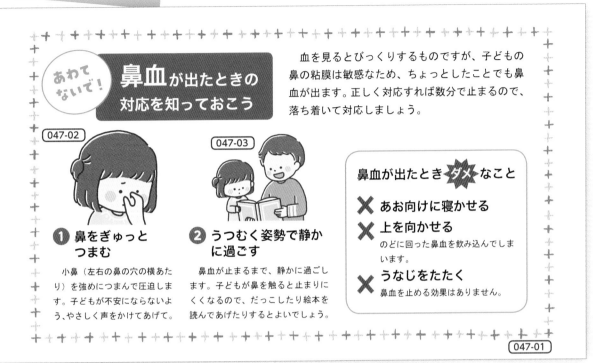

あわてないで！ 鼻血が出たときの対応を知っておこう

血を見るとびっくりするものですが、子どもの鼻の粘膜は敏感なため、ちょっとしたことでも鼻血が出ます。正しく対応すれば数分で止まるので、落ち着いて対応しましょう。

047-02

❶ 鼻をぎゅっとつまむ

小鼻（左右の鼻の穴の横あたり）を強めにつまんで圧迫します。子どもが不安にならないよう、やさしく声をかけてあげて。

047-03

❷ うつむく姿勢で静かに過ごす

鼻血が止まるまで、静かに過ごします。子どもが鼻を触ると止まりにくくなるので、だっこしたり絵本を読んであげたりするとよいでしょう。

鼻血が出たとき ダメ なこと

✕ **あお向けに寝かせる**

✕ **上を向かせる**

のどに回った鼻血を飲み込んでしまいます。

✕ **うなじをたたく**

鼻血を止める効果はありません。

047-01

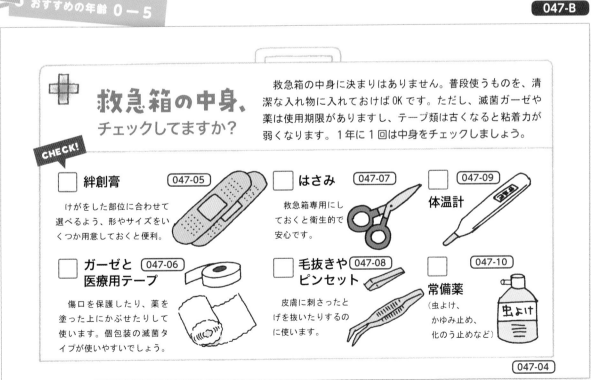

救急箱の中身、チェックしてますか？

救急箱の中身に決まりはありません。普段使うものを、清潔な入れ物に入れておけば OK です。ただし、滅菌ガーゼや薬は使用期限がありますし、テープ類は古くなると粘着力が弱くなります。1 年に 1 回は中身をチェックしましょう。

CHECK!

☐ **絆創膏**　047-05

けがをした部位に合わせて選べるよう、形やサイズをいくつか用意しておくと便利。

☐ **ガーゼと医療用テープ**　047-06

傷口を保護したり、薬を塗った上にかぶせたりして使います。個包装の滅菌タイプが使いやすいでしょう。

☐ **はさみ**　047-07

救急箱専用にしておくと衛生的で安心です。

☐ **毛抜きやピンセット**　047-08

皮膚に刺さったとげを抜いたりするのに使います。

☐ **体温計**　047-09

☐ **常備薬**　047-10

（虫よけ、かゆみ止め、化のう止めなど）

047-04

tsukibetsu
⇩
048-049
⇩
zentai
color
shirokuro

おすすめの年齢 0 − 5

048-A

これで安心！ちょっとした けがのケア

元気な子どもは小さなすり傷や切り傷ができやすいもの。化のうさせずに治す方法を知っておきましょう。

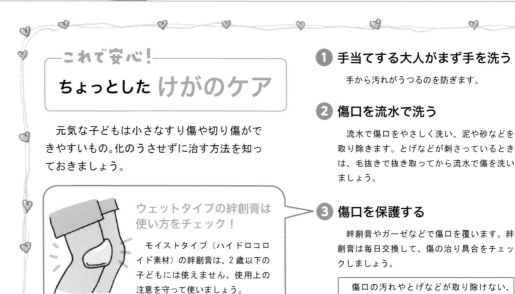

ウェットタイプの絆創膏は使い方をチェック！

モイストタイプ（ハイドロコロイド素材）の絆創膏は、2歳以下の子どもには使えません。使用上の注意を守って使いましょう。

048-02

① 手当てする大人がまず手を洗う

手から汚れがうつるのを防ぎます。

② 傷口を流水で洗う

流水で傷口をやさしく洗い、泥や砂などを取り除きます。とげなどが刺さっているときは、毛抜きで抜き取ってから流水で傷を洗いましょう。

③ 傷口を保護する

絆創膏やガーゼなどで傷口を覆います。絆創膏は毎日交換して、傷の治り具合をチェックしましょう。

傷口の汚れやとげなどが取り除けない、傷がなかなか治らないときは、病院へ！

048-01

おすすめの年齢 0 − 5

048-B

転んで、落ちて…… 頭を打った ときのケア

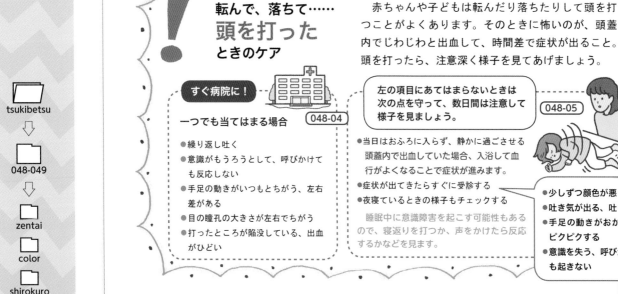

赤ちゃんや子どもは転んだり落ちたりして頭を打つことがよくあります。そのときに怖いのが、頭蓋内でじわじわと出血して、時間差で症状が出ること。頭を打ったら、注意深く様子を見てあげましょう。

すぐ病院に！

一つでも当てはまる場合　048-04

- 繰り返し吐く
- 意識がもうろうとして、呼びかけても反応しない
- 手足の動きがいつもとちがう、左右差がある
- 目の瞳孔の大きさが左右でちがう
- 打ったところが陥没している、出血がひどい

左の項目にあてはまらないときは次の点を守って、数日間は注意して様子を見ましょう。　048-05

- 当日はおふろに入らず、静かに過ごさせる　頭蓋内で出血していた場合、入浴して血行がよくなることで症状が進みます。
- 症状が出てきたらすぐに受診する
- 夜寝ているときの様子もチェックする
　睡眠中に意識障害を起こす可能性もあるので、寝返りを打つか、声をかけたら反応するかなどを見ます。

- 少しずつ顔色が悪くなる
- 吐き気が出る、吐く
- 手足の動きがおかしい、ピクピクする
- 意識を失う、呼びかけても起きない

048-03

0～3歳に多い **窒息！** 対策、していますか？

049-02

窒息で亡くなった人を年齢別に見ると、0～3歳の子どもが85%を占めています。特に食事中、睡眠中、遊んでいるときの窒息が多いです。注意する点を知っておきましょう。

食事中

小さく切って食べさせているか
かむ力、飲み込む力に合わせた大きさに調整します。

よくかむよう声をかけているか
かむことで飲み込みやすくなります。

正しい姿勢で食べさせているか
寝転ぶなどの姿勢は、のどにつまらせる危険があります。

年上のきょうだいに小さな子どもの世話をさせていないか
きょうだいがあげたもので窒息することがあります。

睡眠中

寝具がやわらかすぎないか
顔がマットに沈み、呼吸ができなくなります。

ベッドの周辺にすきまがないか
顔がはさまる危険があります。

スペースは十分あるか
ふとんやクッション、人形などが顔にかぶさって窒息することもあります。かけぶとんは軽いものを使い、寝具以外のものは周りに置かないようにしましょう。

049-03

遊ぶとき

このくらいの大きさなら、大丈夫と思っていないか
子どもは直径6～20mmのものでも窒息する危険があります。ビー玉・おはじき・ビーズ・ブロックなどの小さなものは、子どもの手の届かないところに保管しましょう。

049-01

子どもの事故を防ぐヒントは 「ヒヤッと」 にあり！

子どもがけがをしそうで「ヒヤッとした」ときこそ、次の事故を防ぐチャンスです。
「無事でよかった」とすませるのではなく、なぜヒヤッとしたのか見直しましょう。

❶ 「ダメ！」「危ない！」は"そこが危険"のサイン

子どもをしかって制止するよりも、ものの置き場所をかえるなど、子どもが安全に過ごせるよう環境を整えましょう。

049-05

❷ 一度あれば二度、二度あることは三度ある

危ないと思ったら、必ず理由や経緯を考えましょう。原因がわかれば対策がとれます。対策をしないと、大きな事故につながる危険がそのままに。

049-06

❸ 大人もいっしょにやってみる

子どもが過ごす場所が安全かどうか、子どもの目の高さでチェックしてみましょう。遊具やおもちゃは、いっしょに遊んで正しい使い方を示します。

049-07

049-04

PART 1

月別の「ほけんだより」

10月

tsukibetsu
⇩
050-051
⇩
zentai
color
shirokuro

50

ほけんだより　10月号

050-01

令和●年●月●日
●●●●園
●●●組
●●●　●●●●●

10を横にすると、まゆと目に見えるので、10月10日は「目の愛護デー」。子どもの目を守るには、感染症やけがだけでなく、「見え方の異常」にも注意が必要です。この機会に異常のサインを知りましょう。

小さな子どもは「見る力」も育ち盛り

　赤ちゃんの目は、生後すぐはぼんやりとしか見えていませんが、その後、1歳までの時期は急速に「見る力」が発達します。3歳までには、多くの子どもが大人と同じ程度（視力1.0）まで見えるようになります。見る力（視覚）はゆるやかに発達し、6歳ごろには大人と同程度になります。

生まれてすぐ
視力0・01
050-03

明るい、暗い程度しか認識できません。

1歳
視力0.2
050-04

立体的に見る力、動くものを見る力など、視覚が急速に発達します。

3歳
視力0.8〜1.0
050-05

大人とほぼ同じくらいまで視覚が育ってきます。

5歳
視力1.0
050-06

ほとんどの子どもが、大人と同じ視覚を身につけます。

早く治療するほど回復しやすい！

こんなサインに注意

050-07

頭を傾ける

050-08

目を細める

050-09

横目で見る

　見る力は、目から情報を取り入れ、脳で処理することを、毎日繰り返して育ちます。ところが、目に異常があると脳に情報が届かず、見る力が育ちません。早く治療を始めるほど回復しやすいため、見え方の異常に気づいたら、早めに眼科で相談しましょう。

050-10

片目をつぶって見る

050-11

片方の目の焦点が合わない

正面から「見る様子」をチェックして

　見え方のチェックにおすすめなのが、紙しばい。左右の目の焦点、ものを見る様子が詳しくわかります。

050-12

050-02

051-01

ほけんだより　10月号

令和●年●月●日
●●●●園
●●●組
●●● ●●●●●

現代は、テレビやゲーム、スマートフォンなど、子どもたちが体を動かさずに遊ぶ時間が長くなりがちです。秋は外遊びが楽しめるいい季節。秋晴れのお休みには、外遊びで十分体を動かしましょう。

テレビなどの動画を長時間見せていませんか

　成長するにつれてスマホやタブレット、テレビなどの視聴時間が長くなりがちです。しかし、無制限にそれらとつきあうことが、子どもの発達に悪影響を与えることが、わかってきました。
　特に「乳幼児」がテレビなどを長時間視聴することが、言語の発達や社会性の遅れにつながることを日本小児科学会が報告し、どうつきあうか、6つのアドバイスを出しています。

6つのアドバイス

1. **2歳以下の子どもには、長時間見せない！**
内容・見方に限らず、長時間視聴は言語発達が遅れる危険性が高まる。   051-03

2. **つけっぱなしはNG！　見たら消す！**

3. **乳幼児に一人で見せない！**
大人がいっしょに歌ったり、子どもの問いかけに応えたりすることが大切。

4. **授乳中、食事中は消す！**

5. **乳幼児にも、つきあい方を教える。**
見終わったら消すこと。連続して見続けないこと。

6. **子ども部屋に置かない。**

いろいろなものを見せよう！

　いろいろな距離のものを見ることが、見る力を育てます。遠くを見るときは目の周りの筋肉がゆるみますが、子どもはただ「遠くを見て」と言ってもうまくできません。「あの木のてっぺんを見てごらん」など、具体的に声をかけてあげましょう。

051-04

家族でルールを決めましょう

　スマホやテレビを見る時間を決めましょう。大人がスマホを使いすぎていたり、テレビを長時間見たりしていると、ルールを守る意欲をそいでしまいます。大人がまず見本を！

051-05

1回
2h

連続スマホ15分まで　　連続テレビ30分まで

051-02

PART 1

月別の「ほけんだより」

11月

tsukibetsu
⇩
052-053
⇩
zentai
color
shirokuro

52

ほけんだより　11月号

052-01

令和●年●月●日
●●●●園
●●●組
●●● ●●●●●

いい体を作るための健康チェック月間として、普段のケアを見直してみませんか？　ちなみに、11月29日は「いい肉の日」。お肉も野菜もおいしく食べて、元気な体をつくりましょう！

体に関する記念日

11月8日は「いい歯の日」、11月12日は「いい皮膚の日」。記念日には普段の歯みがきや保湿を見直しましょう。

11月8日　いい歯を守ろう
1 1 8

052-03

仕上げみがき、していますか？

上の前歯の後ろをみがくよ～

まずは子どもが自分でみがくのを見守り、最後は仕上げに大人がみがいてあげましょう。

奥歯のすきまや歯の裏側など、自分ではみがきづらい部分までしっかり汚れを落とし、元気な歯を守ります。

痛くしないコツ

052-04

上の前歯の中央と上唇をつなぐひだ（上唇小帯）に歯ブラシが当たると痛みます。指で押さえましょう。

口を引っぱらない

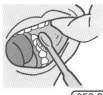

052-05

奥を見ようと口の端を引っぱるのではなく、指でほおを内側から押しましょう。奥歯の側面が見やすくなります。

11月12日　いい皮膚を守ろう
1 1 12

保湿ケア、していますか？

052-06

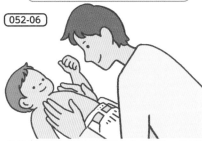

気温が下がると湿度が低くなるため、肌がかさかさしやすくなります。おふろ上がり、登園前にしっかり保湿して、肌のかさつきやトラブルを防ぎましょう。

いい子を守ろう
1 1

毎日ギュッとしていますか？

052-07

ぎゅっ

子どもはいつでも「いい子の日」！毎日1回ギュッとして、心の元気をチャージしましょう。

052-02

令和●年●月●日
●●●●園
●●●組
●●●●● ●●●●●

053-01

ほけんだより 11月号

昼間は暖かくても、朝夕は冷え込む季節になってきました。子どもは外気温の影響を受けやすいため、大人より早く寒さを感じやすいのです。朝の登園や、夕方におうちに帰るときは温かくしてあげましょう。

風邪 をひかないためには、何をする?

053-03

免疫には、体に侵入したウイルスや細菌などの病原体と戦ったときに、その武器（抗体）を残しておき、次に同じ病原体が侵入したときに、速やかに撃退できる仕組みがあります。そのため、子どもは成長とともに風邪をひきにくくなります。

ただし、風邪の原因となるウイルスは200種類あるといわれますし、インフルエンザのように変異しやすいウイルスや、ノロウイルスのようにタイプが多いウイルスもあり、油断は大敵。感染症シーズンに備えて、下記の「3つの保」で風邪を防ぎましょう。

体を 保温 する

053-04

首の皮膚のすぐ下には太い血管が通っています。ここを温めると、全身に温かい血が巡ります。

重ね着で調節。静電気が起こりにくく肌触りのよい綿がおすすめです。

体を冷やすと風邪をひきやすくなります。ただし、厚着をして汗をかくと、汗が冷えて逆効果。薄手の服を重ね着するほうが、中に空気の層ができて保温効果が高まります。暑くなったらこまめに脱いで調節しましょう。

室内を 保湿 する

053-05

空気が乾燥すると鼻やのどの粘膜がダメージを受けますし、ウイルスが浮遊しやすくなります。加湿器を使ったり、室内に洗濯物を干したりして乾燥を防ぎましょう。

体を 保護 する

053-06

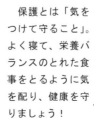

おかわり!

保護とは「気をつけて守ること」。よく寝て、栄養バランスのとれた食事をとるように気を配り、健康を守りましょう!

053-02

月別の「ほけんだより」

12月

tsukibetsu
⇩
054-055
⇩
zentai
color
shirokuro

54

054-01

令和●年●月●日
●●●●園
●●●●組
●●● ●●●●●

ほけんだより 12月号

子どもは風邪をひきやすいですが、ひきはじめに無理をすれば、こじらせるもとになり、治りかけのときに無理をすると、ぶり返す原因になります。早めに休ませ、しっかり治すことが大事です。

感染症の季節を乗り切りましょう！

こんなときは、おうちで様子を見ましょう

インフルエンザやRSウイルス感染症、ウイルス性胃腸炎などの感染症が流行しやすい季節になりました。小さな子どもほど、感染症にかかると進行が早く、重症化するおそれがあります。体調不良のサインがあったら、早めに休ませたほうが早く回復します。無理せず、ご家庭でゆっくり過ごして様子を見てあげてください。

前日から……

054-03

24時間以内に
❶ 下痢を繰り返す
❷ おう吐が何回かあった
❸ 38度以上の熱が出た
❹ 解熱剤を飲んだ
❺ けいれんを止める薬を使った

どれか1つでも当てはまる場合は、症状が治まったかどうかを見極めたり、体力を回復させたりするためにも様子を見ましょう。

薬の働きで症状が抑えられているときに無理をすると、ぶり返す危険があります。

夜間に
❻ せきが出たり、ゼイゼイしたりして、あまり寝られなかった

熱が出ていなくても、睡眠不足やせきは体力をうばいます。

朝に……

❶ 体温が37.5度以上
❷ 平熱より1度高い

朝食を食べたら
❸ 吐いた　❹ 下痢した

朝は、通常なら体温が低めです。37.5度を超えている、もしくは平熱より1度高いときは、日中に熱が上がる危険があります。

体の調子が悪くなりつつあるサインかもしれません。

ちょっとした変化も見逃さないで
☐ 目やにがいつもよりひどい
☐ 皮膚にポツポツがある
☐ 元気がない、きげんが悪い
☐ 顔色が悪い、くまができている

054-04

小さな子どもは、体調をうまく伝えられません。「いつもとちがう」サインを見逃さないようにしましょう。気になることがあるときは、朝、登園時に、職員にご相談ください。

054-05

054-02

055-01

ほけんだより 12月号

令和●年●月●日
●●●●園
●●●組
●●● ●●●●●

せきの風邪、おなかの風邪がはやりやすい時期になってきました。年末年始であわただしい時期と重なりますが、「備えあれば、憂いなし」。規則正しい生活で体を守り、予防接種や手洗いで風邪を防ぎましょう。

知っておきたい 冬の感染症

インフルエンザ

突然高い熱が出て、数日続きます。食欲がなくなり、関節や筋肉の痛みが出ることも。

子どもは「だるい」と言えないことが多く、「元気がない」「きげんが悪い」といった状態が続きます。通常、1週間ほどで回復します。

ノロウイルス感染症
（ウイルス性胃腸炎）

「流行性嘔吐下痢症」と呼ばれるとおり、激しいおう吐と下痢が起こります。ほとんどの場合1～3日で回復しますが、脱水症を起こすことがあり、油断は禁物です。

備えていますか?

予防接種

インフルエンザの予防接種は、多くの自治体で10月から始まります。小さな子どもは2回接種が必要です。流行シーズン前に十分に免疫を上げておくためには、遅くとも11月上旬に1回目の接種を終わらせておきましょう。

055-03

備えていますか?

塩素系消毒薬

ノロウイルスは感染力が強く、おう吐物で汚れた衣類などの消毒には塩素系消毒薬が必要です。急な発症に備えて、念のため塩素系消毒薬を用意しておくと安心です。

055-04

人込みを避ける

インフルエンザなどは、人のくしゃみやせきのしぶきを吸い込むことで感染します。人の多いところでは、感染のリスクが高くなります。

055-05

055-06

手をよく洗う

ウイルスのついた手で口や鼻、目などに触れるとそこからウイルスが体内に入り込みます。外から帰ったとき、食事の前など、こまめに手を洗いましょう。

マスクをつける

マスクは、せきやくしゃみのしぶきが広がるのを防ぐほか、無意識のうちに口や鼻を触るのを防ぐ効果があります。

055-07

055-02

tsukibetsu
⇩
056-057
⇩
zentai
color
shirokuro

10月

0 – 5 　056-A

さわやかな季節です。子どもたちは毎日よく食べ、元気に遊んでいます。10月10日は「目の愛護デー」です。子どもたちの目のために、テレビやスマホはお休みの日を設けてはどうでしょうか。

0・1・2 　056-B

朝晩は涼しくなりましたが、日中は夏のように暑い日もあります。0・1・2歳児はまだ体温調節が苦手です。脱ぎ着しやすい上着などで調節し、半そでと長そでを上手に使い分けていきましょう。

0・1・2 　056-C

気持ちよい秋晴れの下、子どもたちはのびのびと体を動かしています。しっかり食べて、たくさん遊んで、たっぷり眠る。規則正しい生活リズムの中で、寒さに向かう体力をつけていきましょう。

3・4・5 　056-D

おいしい果物やスポーツ、お絵かき、読書、そしてハロウィンなど、楽しみの多い季節になりました。10月も後半には寒い日が増えてきます。体調に気をつけながら思いきり秋を楽しみましょう。

11月

0 – 5 　056-E

落ち葉が赤や黄色に色づいて、お散歩が楽しい季節です。朝晩の冷え込みで、厚着で登園する子も増えましたが、日中の運動は意外に汗をかきます。脱ぎ着しやすい上着での調節をお願いします。

0・1・2 　056-F

秋も深まり、暖房器具を使用する時期になりました。インフルエンザやノロウイルスといった感染症も流行しやすい季節です。加湿と換気をしながら、体調管理には十分気をつけていきましょう。

0・1・2 　056-G

色とりどりの落ち葉、ドングリ、マツボックリなど、子どもたちも自然と触れ合う中で、秋の深まりを感じています。衣服をこまめに調整しながら、元気に外遊びを楽しんでいきたいと思います。

3・4・5 　056-H

11月15日は七五三。薬やお医者さんが身近ではなかった昔、病気にかかりやすい7歳までの子どものすこやかな成長を願って行われるようになった儀式が、その始まりだといわれています。

12月

0 – 5 　056-I

ジングルベルが響いてくる季節。子どもたちは寒さに負けず、元気に遊んでいますが、感染症の流行が始まります。おうちでもうがい、手洗い、せきエチケットの徹底をお願いします。

0・1・2 　056-J

今年のカレンダーも最後の1枚になり、子どもたちの大好きなクリスマスがやってきます。大人はあわただしくなりますが、子どもの生活リズムを乱すことがないよう、気をつけていきましょう。

0・1・2 　056-K

窓を閉め切って暖房をしていると、部屋の空気はどんどん汚れて乾燥し、風邪やインフルエンザなどのウイルスも浮遊しやすくなります。1時間に1回は窓を開け、新鮮な空気を取り入れましょう。

3・4・5 　056-L

年末年始は、今まで身につけてきた生活習慣が乱れがちです。クリスマスやお正月を元気に過ごすために、早寝早起きや規則正しい食事と排便、歯みがきは、きちんと続けていきましょう。

10月・11月・12月の話題

知っておきたい 子どもの目のトラブル

目はとてもデリケート。何気なく触っただけでも、細菌やウイルスが侵入するおそれがあります。目の異常に気づいたら早めに、病院を受診しましょう。

こんなときは要注意

057-02

目をこする、まばたきが多い

かゆいときや痛いときは、手で目をこすったり、まばたきが増えたりします。

057-03

涙でうるうるする、充血している

目を覆う結膜に炎症が起こっていると、涙が増えたり、充血したりします。

057-04

目やにが増える

涙や分泌物が増えるために、目やにが増えます。

流行性角結膜炎（はやり目）

ウイルスが結膜に感染し、炎症を起こします。目やにが増えたり、白目が充血したりするほか、黒目に白い膜ができることがあります。感染力が強く、うつりやすいため、「はやり目」とも呼ばれます。

おうちでは……

タオルや寝具を介してうつることがあるので、タオルの共有は避け、枕カバーやシーツをこまめに交換しましょう。

ウイルスのついた手で目に触ると感染するので、こまめに手を洗うことも重要です。

登園再開の目安 結膜炎の症状が消えたこと

麦粒腫（ものもらい）

まぶたに細菌が感染して、目の縁やまぶたが赤くはれます。目がゴロゴロしたり痛みが出たりしますが、子どもはうまく言えません。まぶたがはれているときや目をしきりに触るときは受診しましょう。

おうちでは……

ほかの人にうつることはなく、薬を正しく使えばすぐに治ります。ただ、目を触るとぶり返したり、長引いたりすることもあるため、目を気にするそぶりがあるときは、冷やしたタオルを目に当ててあげましょう。かゆみや不快感がやわらぎます。

登園再開の目安 人にうつらないため、園を休む必要はありません

※上記の症状がある場合は眼科、もしくは小児科を受診しましょう。

057-01

インフルエンザかも？ と思ったら……

急に高い熱が出て、ぐったりして元気がないときは、普通の風邪ではなく、インフルエンザかもしれません。インフルエンザは感染力が強く、子どもたちの間で流行しやすいため、登園できない期間（登園停止期間）と、登園を再開できる目安が決められています。

① 受診しましょう

39度を超えるような高い熱、頭痛、関節や筋肉の痛みなどが出ます。鼻の奥の粘膜を取って調べる検査が一般的ですが、発症直後では正しい結果が出ないことがあります。お医者さんには、「いつからどんな症状が出たか」「身近に、同じ症状の人がいないか」なども、詳しく伝えましょう。

② しっかり治しましょう

インフルエンザの薬（タミフルなど）は、ウイルスが増えるのを防ぎますが、ウイルスをやっつけることはできません。症状が治まり、元気になるまでしっかり休みましょう。

登園再開の目安が決まっています

インフルエンザにかかったら、登園再開には
・熱が出て（発症）から5日たっている
・熱が下がって（解熱）から3日たっている
※小学生以上では、熱が下がって（解熱）から2日たっている
この両方を満たしていることが必要です。

診断がついた翌日に熱が下がっても、「発症から5日」の目安を満たすまで登園できません。また、登園再開には、医師による「登園許可」の診断が必要です。登園前に、もう一度診察を受けてください。

園へのご連絡をお願いします

インフルエンザと診断を受けたときや、医師からもう一度受診するように指示があったときなどは、園にもご連絡ください。

058-02

翌日から数えます

Aくんの場合

	1日目	2日目	3日目	4日目	5日目	登園
発症						
解熱	1日目	2日目	3日目			

058-03

翌日から数えます

いったん熱が下がっても、また上がることがあるため、1日は様子を見ます。

発症からの日数と、解熱からの日数がそろわない場合は、両方の基準を満たすまで、ゆっくり体を休ませましょう。

Bちゃんの場合

	1日目	2日目	3日目	4日目	5日目	6日目	7日目	登園
発症								
発熱			解熱	1日目	2日目	3日目		

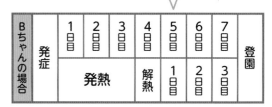

058-01

おう吐で汚れた服を消毒するときは……

ノロウイルスやロタウイルスによる「ウイルス性胃腸炎」が流行する季節になりました。園では、お子さんがおう吐した場合、園内の感染流行を防ぐために、洗わず、密封してお渡ししています。ご家庭で消毒・洗濯をしていただくよう、ご理解とご協力をお願いします。

❶ 手袋とマスクをつける

素手で触れないよう、ゴム手袋や使い捨てのビニール手袋をつけましょう。また、使い捨てマスクをつけておくと安心です。

❷ 換気しながら開封する

吐いたものにウイルスが含まれていることがあります。乾燥したウイルスが体内に入ると、感染することがあるため、必ず換気ができる場所で袋を開けましょう。

❸ 汚れを取り除く

059-02

服についた汚れをペーパータオルなどでふき取ります。取り除いた汚れにはウイルスが含まれているおそれがあるので、汚れをふき取ったペーパータオルはポリ袋を二重に密封して捨てましょう。

❹ 消毒液を作る

塩素系消毒薬を、0.1%の濃度に薄めます。製品に記載されている希釈方法を守りましょう。

目安は……

水 1 L
059-03

059-04

消毒薬原液
ペットボトルの
キャップ4杯
（1杯＝5ml）
（製品濃度6％の場合）

注意！ 色落ちします！

塩素系消毒薬は、衣類につくと色落ちします。色落ちさせたくない場合は、85度以上の熱湯に1分間つける方法もあります。

❺ 消毒液にしっかり浸す

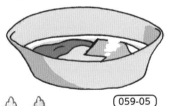

消毒液が行き渡るよう衣類を広げ、しっかり消毒液に浸します。

059-05

❻ ほかのものと分けて洗濯する

消毒が終わったら、ほかの衣類と分けて洗濯します。

❼ 手などをよく洗う

処理に使った使い捨て手袋やマスクはポリ袋に密封して捨て、最後に手を流水とせっけんでよく洗いましょう。

059-01

10月・11月・12月の話題

油断しないで

RSウイルス感染症

秋から冬はRSウイルス感染症が流行しやすい季節です。RSウイルスは身近なウイルスで、免疫のある大人にはごく軽い風邪ですが、初めてかかる子ども、特に6か月未満の赤ちゃんでは症状が重くなります。家族全員で予防しましょう。

Q せきの風邪って聞いたけど、どんな病気？

A せきが出て、呼吸がゼロゼロするほか、高い熱が出ることも。

RSウイルス感染症は、「せきがひどい風邪」と思っている人が多いようですが、特に乳幼児では高い熱が数日続くことがほとんどです。せき以外にも「ゼイゼイする息苦しさ」を伴い、夜眠れなくなってしまうことも。また、症状の回復後に中耳炎の合併もしばしば見られます。

Q なぜ注意が必要なの？

A 小さい子どもほど重い症状が出ます。

RSウイルス感染症は、初めてかかったときに重い症状が出るのが特徴で、気管支炎や肺炎で入院が必要になることもあります。
- 呼吸に合わせて肩を動かす
- 呼吸するとき胸がへこむ
- ゼイゼイして、ミルクの飲みが悪い

などは、息苦しさがひどいサイン。早めに受診しましょう。

060-02

Q 治すにはどうすればいい？

A 特効薬はありません。安静にして休ませましょう。

RSウイルスに効く薬はありません。ゆっくり休んで、体がウイルスを退治するのを待ちましょう。登園を再開するには、「ゼロゼロした呼吸音やせきが治まり、元気に過ごせる（呼吸器症状が消え、全身状態がよい）」状態まで回復していることが必要です。

060-03

Q 予防に必要なことは？

A 周囲がマスクをつけ、こまめに手を洗いましょう。

RSウイルス感染症は、2回目以降の感染では症状が軽くなることがほとんどで、大人では軽いせきが出る程度のことも。そのため、周囲の人が知らないうちに、子どもにうつす可能性があります。せきや鼻水の症状があるときは、大人がマスクをつけましょう。また、ウイルスは手を介してもうつるので、こまめに手を洗いましょう。

060-04

060-01

tsukibetsu
⇩
060-061
⇩
zentai

color

shirokuro

目薬 は 笑顔でさしましょう

目薬をさすときに、大人が緊張して険しい顔をしていると、子どもが怖がってしまいます。目薬をさすときは、笑顔で声をかけましょう。

061-02

❶ 目薬をさす前に手をよく洗う

目薬に触る前に手を洗って清潔にします。子どもの目の周りが汚れていたら、ぬらしたタオルなどでやさしくふいてあげましょう。

❷ 下まぶたを軽く引っぱり、1滴垂らす

「あかんべえだよ」などと声をかけて下まぶたをそっと引っぱり、すぐにくぼみに1滴垂らします。このとき、目薬の先端が目やまつ毛に触れないよう気をつけて。

❸ あふれた薬を吸い取る

目からあふれた薬は、ティッシュペーパーで吸い取ります。

●**目を閉じてしまったら**

子どもが目を開けてくれないときは、目頭に薬を垂らし、その後、まぶたを開けるよう声をかけましょう。

●**どうしてもできないときは**

寝ているときに、上まぶたと下まぶたを開いて、その間に2滴ほど垂らしてあげましょう。

061-01

正しいケアで 目を守りましょう

目は、外の世界とじかに接しているため、傷つきやすい部位です。大切な目を守るため、正しいケアを知っておきましょう。

前髪はスッキリと

前髪が長いと、毛先が目に入って目に傷をつけたり、炎症（結膜炎）を起こしたりするもとに。前髪は短めに切りそろえるか、結んであげましょう。

061-04

目やにはそっと、外側に向かってふく

清潔なタオルを軽くぬらして目やにに当て、そのまま外側にふき取りましょう。汚れが目の中に入るのを防ぎます。乾いた目やにには、ふやかしてから取ってあげましょう。

061-05

目やにが多いときは病院へ

目やには自然に出るものですが、

●目やにの量がいつもより増えた
●2～3時間で目やにがたまる
●黄色や緑色の目やにが出ている

などのときは、炎症が起こっている可能性があります。早めに小児科か眼科を受診しましょう。

061-03

おすすめの年齢 0－5

062-A

ウイルス、どうやってうつる？

風邪のウイルスは、感染している人のせきやくしゃみ、会話の際のしぶき（飛沫）と共に飛び散ります。また、唾液や鼻水の中にも多く存在しています。ウイルスを含むしぶきを吸い込んだり、ウイルスのついた手を介して目や鼻、口からウイルスが体内に入ったりすることで感染します。 062-02

① ウイルスを含むしぶきを吸い込む 062-03

せきやくしゃみのしぶきは2mほど飛ぶので、近くの人が吸い込むと感染します。

2m

② ウイルスがついた手で目や鼻、口を触る 062-04

ウイルスが付着したものに手で触れると、ウイルスが手につきます。ただし、手についただけでは感染しません。

手を洗ってウイルスを洗い流そう

ウイルスが手についても、洗い流せば感染のリスクが下がります。手を洗うときは、せっけんをしっかり泡立てて、指の間、指先までしっかり洗い、流水でよく流しましょう。

ウイルスのついた手で、目や鼻、口を触るとウイルスが体内に侵入します。

感染！

062-01

おすすめの年齢 0－5

062-B

熱があるときのホームケア

Point ① 手を触ってふとんを調節

熱があるのに手足が冷たいときは、熱がまだ上がりきっていないサイン。寒気を感じやすいのでふとんをしっかりかけて温めます。逆に、手足がポカポカしているときは、ふとんを減らして汗をかかせないようにしましょう。

Point ② 汗をかかせない、汗を取り除く

汗をかくと体から水分が出ていくため脱水の原因にもなります。汗をかいてきたら薄着にしましょう。汗をそのままにしておくと、あせもやかゆみのもとに。熱が高く、おふろに入る元気がないときは温かいタオルでふいてあげましょう。お風呂に入れるなら、湯冷めしないよう部屋を温めておき、ぬるめのお湯やシャワーでサッと洗ってあげましょう。 062-06

Point ③ おでこは冷やさなくてもOK 062-07

熱があるときにおでこを冷やすと気持ちよいものですが、熱を下げる効果はそれほどありません。赤ちゃんは冷感シートやぬらしたタオルによる窒息の危険があるので、避けたほうがよいでしょう。熱を下げるには、首のわき、わきの下、足のつけ根など、太い血管の走っているところを冷やしてあげるのが効果的です。

062-05

 おう吐時のケア、知っておきましょう

❶ 吐いたものを 口から取り除く

口の中に吐いたものが残っていると吐き気を催すことがあります。うがいをさせたり、ぬらしたタオルで口の中をぬぐったりして、口の中をきれいにしましょう。

063-02

❷ 静かにさせて、 様子を見る

安静にさせて様子を見ます。寝かせる場合は、吐いたものがのどにつまらないよう、横向きに。

063-03

❸ 1時間以上してから スプーンで水分を とらせる

吐いた直後に水分をとらせると、また吐いてしまうことがあります。水分を飲ませるときは、様子を見て、顔色がよくなり吐き気が治まったら、スプーンで水やお茶などを少しずつとらせましょう。

063-04

063-01

吐いた！ しっかり消毒、ゴミは 密封して捨てましょう

吐いたものには、ノロウイルスなどが含まれている可能性があります。きっちり消毒して、感染を防ぎましょう。

❶ 処理に必要なものを準備する

まず、換気します。消毒液やペーパータオル、布や雑巾（捨てられるもの）を用意し、使い捨ての手袋やマスクをつけます。

消毒液の作り方

家庭用塩素系消毒薬

063-06

  ×4 ＋ 水 1L

6％の原液の場合、ペットボトルのキャップ4杯（1杯＝5ml）

❷ 外から中心に 向かってふき取る

吐いたものはペーパータオルなどで外から内側に向かってふき取り、ゴミはポリ袋に二重に密封して捨てます。

汚れた衣類は……

汚れを取り除いて消毒液につけておきましょう。

063-07

❸ 消毒した後、 水ぶきする

吐いたもので汚れたところを、消毒液を浸した布で外側から中心に向かってふき取ります。その後、水ぶきで消毒薬もふき取ります。

❹ よく手を洗う

使い捨ての手袋やマスクもポリ袋に密封して捨て、手をよく洗いましょう。

063-05

おすすめの年齢 0−5

064-A

せきで眠れないときは……

せきが続くと体力を奪います。呼吸が楽になるようにケアしてあげましょう。

064-02

1 体を起こして

横になるとせきがひどくなるときは、縦にだっこしてあげましょう。呼吸が楽になります。

2 部屋を加湿して

空気が乾燥していると鼻やのどの粘膜に負担がかかります。寝室にも加湿器を置いて、のどを守りましょう。

3 ゆっくり休ませて

大人は熱がなければ大丈夫と思いがちですが、小さな子どもは、せきでも体力を奪われます。早く休んだほうが早く治るので、ゆっくり過ごさせてあげましょう。

064-03

※2歳以下、特に赤ちゃんにはマスクをつけないで。

064-01

おすすめの年齢 0−5

064-B

せきが出るときは……

せきのしぶきには、風邪の原因となるウイルスが含まれています。せきがひどいときは、風邪を治すためにも、ほかの人にうつさないためにも、しっかり休んで、せきエチケットを守りましょう。

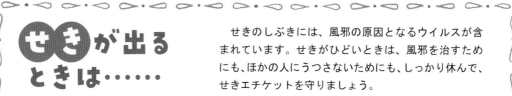

日中は
せきエチケットを守る

064-05

マスクをつける

せきのしぶきが広がらないようマスクをつけましょう。

※2歳以下、特に赤ちゃんにはマスクをつけないで。

064-06

マスクをつけていないときはひじで押さえる

せきが出たとき手で押さえると、手を介してしぶきが広がります。とっさのときはひじで押さえます。

夜は
上半身を高くして寝る

横になるとせきが出て、息苦しくなるときは、背中の下にクッションなどを当てて少し上半身を起こしてあげましょう。せきがやわらぎます。寝室を加湿するのも効果があります。

064-07

064-04

無理強いしないで
0〜2歳の マスク

マスクを正しく扱えない小さな子どもに、マスクを無理につけさせるのはやめましょう。体を守るためのマスクが、逆に負担になるおそれもあります。

マスクをつけるリスクもある

小さな子ども、特に赤ちゃんは空気の通り道が細いため、マスクをつけると息苦しくなりやすく、体に負担がかかります。また、表情や顔色を隠してしまうため、体調不良のサインに気づきにくくなってしまいます。

065-02

せき、鼻水のあるときは無理をさせないで

せきや鼻水などの風邪の症状があるときは、マスクをつけて外出させるのではなく、家でゆっくり過ごして体を休ませましょう。

065-03

065-01

マスク、正しく使えていますか？

子どもにマスクをつけさせるときには、まず、大人が正しい使い方を見せましょう。また、暑いときや息苦しいときはマスクをはずしてよいことも伝えます。

❶ つけはずしはゴムひもを持って

065-05

マスク本体にむやみに触るのは避けましょう。マスクをつけるとき、はずすときは、ゴムひも部分を持ちます。

❷ 鼻からあごまでしっかり覆う

065-06

プリーツの入っているマスクは上下に引っぱり、鼻からあごまで覆います。鼻に当たる部分をつまんで、すきまをふさぎましょう。

❸ 捨てるときは袋に入れて

065-07

使ったマスクには、せきや会話のしぶきが付着しています。そのまま捨てるのではなく、ポリ袋に入れて捨てましょう。

065-04

薄着・重ね着で元気に過ごしましょう

寒いとつい厚着をさせたくなりますが、薄着で寒さや外気を感じることで、寒さへの適応力がつきます。また、セーターやフリースなど厚いものを1枚着せるよりも、重ね着をするほうが空気の層が厚くなり、温かさがアップします。

肌着を着せましょう

冬でも外遊びなどで汗をかきます。綿の肌着を着せてください。寒い時期は半そでの肌着もおすすめです。

薄着の重ね着で体を温かく

長そでシャツの上に半そでのTシャツやベストを着せ、外に出るときはトレーナーやセーターを……という具合に衣類を重ねると温かく、調節もしやすいのです。

靴下はくるぶしまで

足首は皮膚が薄く冷えやすい部位です。靴をはくときは、くるぶしを覆う長さの靴下を。

066-02

066-01

インフルエンザの予防接種が始まりました

10月から、インフルエンザの予防接種が始まります。予防接種の特性を知って、早めに接種を受けましょう。

2回の接種が必要

小さな子どもは免疫がつきにくいため、2回の接種が必要です。効果を十分に上げるためには、1回目の接種と2回目の接種の間は4週間あけるとよいと言われています。

効果が十分に出るのは2回目接種から約2週間

乳幼児は有効な免疫ができるのに2回目接種から2週間かかります。

効果は約5か月間持続する

インフルエンザの予防接種の効果は、約5か月。10月から接種すれば、流行の始まりからしっかりカバーできます。

| 10月 | 11月 | 12月 | 1月 | 2月 | 3月 |

1回目の接種 ←4週間→ 2回目の接種

インフルエンザの流行期

2週間後

 予防接種の効果が出る

5か月間効果が続く →

10月中に1回目の接種を受けましょう

066-03

健康に気をつけて、よい年を迎えましょう

年末年始は帰省や大掃除、おせち料理にお参り……とあわただしいもの。健康に気をつけて、元気に新年を迎えましょう。

067-02

ごちそうはひと工夫で楽しんで

お祝いムードで気がゆるむ時期ですが、子どもの誤飲・窒息には十分注意しましょう。

お酒の誤飲
067-04

透明なので水と間違えた、甘いのでジュースのつもりで飲んでしまった……などの事故が起こりやすいので、グラスやおちょこは子どもの手の届かないところに。

もちや豆類による窒息

お正月の定番のお雑煮（もち）や黒豆（豆類）は窒息の危険が高い食べ物。もちは小さく切って１つずつ、汁物といっしょに食べさせます。豆類は刻むか、子どもには控えましょう。

067-03

生活リズムに気をつけて

ゆっくりしたい時期なので、夜更かし・朝寝坊になりがち。睡眠不足にならないよう、生活リズムを守りましょう。

急病に備えよう

地域の休日診療・救急診療の担当を確認しておきましょう。帰省先・旅行先でも調べておくと安心です。また、保険証や医療証も忘れずに持っていきましょう。

067-01

解熱剤、正しく使って

風邪で高い熱が出ると心配になるものですが、発熱は体が病原体と戦うための生理的な反応。熱を下げることで治りが早くなるわけではありません。

どんなときに使う？

熱で寝つけない、飲んだり食べたりできないときに飲ませましょう。

067-06

ただ単に熱があるからと飲ませるのではなく、「睡眠をとって体力を回復させるため」「水分をとって脱水を防ぐため」など、必要なときに使いましょう。

熱が下がれば大丈夫？

効果が切れたらまた熱が上がります。解熱の判断は24時間以上熱が出ないときです。

067-07

解熱剤の効果で熱が下がるのは5〜6時間ほどで、効果が切れたらまた熱が上がることがほとんどです。引き続き様子を見て、静かに過ごさせましょう。解熱剤で熱を下げて無理をさせると、かえって病気が長引くおそれがあります。

067-05

068-01

ほけんだより 1月号

令和●年●月●日
●●●●園
●●●組
●●● ●●●●●

気温が低くなると、空気が乾燥して肌トラブルも増えてきます。おふろで温まったら、パジャマを着る前にすぐ保湿することが大事です。ぬくもりと皮膚のうるおいを逃さないようにしましょう。

おふろタイムで 心ほっこり、肌しっとり！

おふろに入る前には……

068-03

○ 38〜40度
あったかゆっくり

体の小さな子どもは大人より早く温まるため、ぬるめのほうがのぼせません。

△ 41〜42度
ちょっと熱め

体が温まりすぎると、汗をたくさんかいて皮膚のうるおいが流れ落ちますし、湯冷めすることもあります。

● 部屋を暖めておきましょう

せっかくおふろで温まっても、部屋が寒いと湯冷めしてしまいます。部屋だけでなく、脱衣所も暖めておきましょう。

● おふろの温度をチェックしましょう

好みもありますが、寒いからおふろも熱めがよいとは限りません。

おふろから出たら……

068-04

しっとりしようね

じわー

● 保湿しましょう

おふろ上がりで皮膚が湿っているうちに保湿剤を塗り、水分の蒸発を防ぎます。

Point 2
油分の高い保湿剤がおすすめ

湿度が低く皮膚が乾燥しやすい冬は、ローションタイプよりも、軟こう（ワセリン）やクリームなど、油分が多く皮膚のバリアを守る効果が高い保湿剤を使うとよいでしょう。

Point 1
大人の手も温めて

おふろ上がりの温かい肌に、冷たい手で触れると子どもがびっくりしていやがるかもしれません。保湿剤を塗るときは、少し手を温めて。

Point 3
保湿剤も温めて

冬は保湿剤も冷たく感じるもの。保湿剤を子どもの体につけてから広げるのではなく、最初に大人の手に少量出して、少し温めてから塗ってあげましょう。

068-02

tsukibetsu
⇩
068-069
⇩
zentai
color
shirokuro

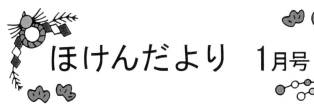

ほけんだより　1月号

069-01

令和●年●月●日
●●●●園
●●●組
●●● ●●●●●

おふろに入って、体を洗って、保湿剤を塗って、パジャマを着て……少しずつ自分でできるようになりますが、乾燥による皮膚トラブルが増える冬は少し大人が手伝って、すこやかな皮膚を保ちましょう。

子どもの 皮膚 を守るには……

Point 1　やさしく洗いましょう

069-03

入浴剤は刺激のないものを
皮膚が乾燥していると、刺激に弱くなります。入浴剤は刺激の少ないものを選びましょう。

体はやわらかいタオルで洗いましょう
　体をごしごし洗うと、皮膚を守るバリアまで洗い落としてしまいます。やわらかいタオルで、やさしく洗いましょう。冬は手で洗うだけでも十分汚れは落とせます。

寝る前はぬるめのお湯に
　寝る前に熱いおふろに入ると、寝つきが悪くなってしまいます。寝る前に入浴するなら、38〜40度くらいがよいでしょう。

Point 2　保湿しましょう

背中やひざの裏もしっかり
　自分で保湿剤を塗るようになっても、手の届きにくい部分は大人がしっかり塗ってあげましょう。皮膚がこすれ合って荒れやすいひざの裏やひじの内側も忘れずに。

069-04

Point 3　綿のパジャマを！

化繊より綿がおすすめ
　化繊のパジャマは乾きやすいのですが、その分、水分を保つ働きが弱いため、皮膚が乾燥しやすいです。綿のパジャマがおすすめです。
　ふとんカバーなども肌にやさしい綿がおすすめ。

069-05

069-02

月別の「ほけんだより」

2月

tsukibetsu
⬇
070-071
⬇
zentai
color
shirokuro

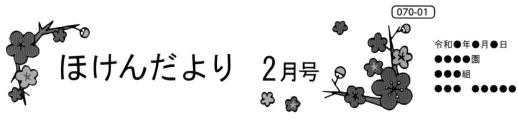

070-01

ほけんだより　2月号

令和●年●月●日
●●●●園
●●●組
●●● ●●●●●

2月20日は「アレルギーの日」です。今回は赤ちゃんや小さな子どもに多い「食物アレルギー」について、よく聞かれる質問と、正しい知識をご紹介します。

食物アレルギー　Q&A

質問❶ 食べさせる時期が遅いほうが食物アレルギーを起こしにくいの？

答え 遅らせるほうが危険。スケジュールどおりに開始しましょう。

ある研究では、生後4〜5か月に離乳食で卵を食べ始めたグループより、生後10〜12か月に卵を食べ始めたグループのほうが、卵アレルギーを起こす危険性が高かったことが報告されています。食べさせる時期を遅らせるよりも、一般的なスケジュールのとおりに開始したほうが食物アレルギーになりにくいのです。

質問❷ 1回食べて大丈夫なら、もう問題ないの？

答え 量を増やしてみましょう。

食物アレルギーは食べた量に依存して症状が出ることがあります。例えば、卵を1/8個食べて大丈夫でも、1/4個食べると症状が出るなどという場合です。特に0歳児で食物アレルギーの原因となりやすい、鶏卵、牛乳（ミルク）、小麦などは少量より開始し、徐々に量を増やしていきましょう。初めて食べるものは、体調がよく、何かあったらすぐ受診できる時間帯に試しましょう。

質問❸ 食物アレルギーって、防ぐことはできないの？

答え 保湿ケアで皮膚のバリア機能を高めましょう。

皮膚には、異物の侵入を防ぐ「バリア機能」があります。ところが、皮膚が乾燥してバリア機能が低下していると、食べ物の成分が皮膚から体内に入り、アレルギーを起こすことがわかってきました。小さなころからしっかり保湿して皮膚を守ると、食物アレルギーのリスクを下げる可能性があります。

070-03

食べ物は、胃や腸で消化されてから全身に届きます。

ところが、皮膚から侵入した成分は、ほぼそのまま免疫細胞に届いてしまい、アレルギーを起こしやすいといわれています。

070-02

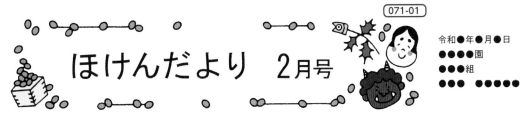

071-01

ほけんだより 2月号

令和●年●月●日
●●●●園
●●●●組
●●● ●●●●●

2～3月は、花粉症のシーズン。花粉症の症状は風邪とまぎらわしいですし、子どもは症状をうまく言えません。気になるときは、小児科や耳鼻咽喉科などで相談しましょう。

子どもの花粉症について

こんなサインに注意

大人の病気と思われがちですが、5～9歳では13.7%、10～19歳では31.4%もの子どもが花粉症だというデータがあります。花粉症の症状があっても、熱がないなら大丈夫、と油断しがちですが、花粉症の症状がずっと続くと不快なだけでなく、さまざまな問題を招くおそれがあります。

花粉症の三大症状

くしゃみが出る

鼻水・鼻づまりが続く

目をこする

● 口をいつも開けている

しつこい鼻づまりのために、口呼吸になります。乾いた空気が口からのどに入るため、風邪などをひきやすくなるおそれがあります。

● なかなか寝ない

● 日中元気がない、きげんが悪い

071-03

息苦しさのために、よく眠れなくなります。そのため、昼間に元気に遊べなかったり、きげんが悪くなったりします。小学生になると、授業に集中できないなどの問題が起こってくることも。

花粉と接する機会を減らそう

071-04

花粉症対策は、花粉に触れないようにすること。花粉に接する機会が多いほど、花粉症になる可能性が高くなります。花粉が増えるシーズンは、治療と予防をかねて、身の回りの花粉との接触を減らしましょう。

花粉を家に持ち込まないために

外干ししない

花粉が多く飛ぶシーズンは、洗濯物を外に干すのを控えましょう。

玄関で脱ぐ

外から帰ったら、コート類は玄関で脱いでつるすなど、室内に花粉を持ち込まないようにしましょう。

服からも取り除く

衣類をはたくと、花粉が舞い散って逆効果です。粘着テープなどで取り除く、花粉がつきにくいツルツルの素材の上着を選ぶなどがおすすめです。

071-02

月別の「ほけんだより」

3月

tsukibetsu
↓
072-073
↓
zentai
↓
color
↓
shirokuro

072-01

ほけんだより　3月号

令和●年●月●日
●●●●園
●●●組
●●● ●●●●●

いよいよ年度末の3月になりました。この1年間でお子さんがどのくらい成長したか、園で計測した体重と身長の記録を、母子健康手帳などの「身体発育曲線（成長曲線）」に記載してみましょう。

成長曲線でお子さんの成長を確認しましょう

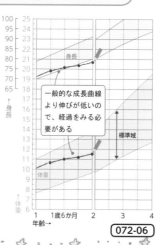

072-03

　成長曲線は、縦軸に身長と体重、横軸に年齢（月齢）をとったグラフです。横軸は、0歳代は1か月おきに、1歳代は3か月おき、2歳以降は半年おきに目盛りが取ってあります。2歳までの目盛りが細かいのは、それだけ子どもの成長が著しいからです。

　体の成長は、心身の発達と深い関係があります。身長と体重の育ちを成長曲線で追っていくことで、万が一、問題が生じたときにも早く見つけられるのです。

 072-04　072-05

身長が高い・低いは個性！
伸びるのが早い子も
遅い子もいます。
身長と体重のバランスが
大切です。

どんなことがわかるの？

　成長曲線には、それぞれの年代の育ちの目安が帯状に示されています。このカーブが、標準的な子どもの発達を示しています。

　よく、成長曲線で子どもの身長と体重を調べて、「同年代の子どもと比べて大きいか小さいか」を気にする人がいますが、大切なのは、お子さんの成長カーブが、成長曲線のカーブと合っているかどうかです。

注意が必要なときってどんなとき？

　成長曲線に数値を記録したときに、成長曲線のカーブと、お子さんの成長の記録が平行に進んでいるかどうかチェック。成長曲線と平行に伸びていれば成長に問題はないでしょう。ところが、成長曲線よりも傾きがなだらかな場合は、成長障害のサインである可能性があります。

一般的な成長曲線より伸びが低いので、経過をみる必要がある

身長
体重
標準域

1　1歳6か月　2　　3　　4
年齢→

072-06

心配なとき、どうすればいい？

　子どもの成長には、食事や睡眠が大きくかかわります。まずは、食事のバランスや生活リズムなどをチェックしましょう。生活改善に取り組んでも身長や体重の育ちが改善しないときは、かかりつけ医に相談しましょう。

072-02

073-01

ほけんだより　3月号

令和●年●月●日
●●●●園
●●●組
●●●　●●●●●

３月は１年の総まとめの時期です。新年度に向けて準備が忙しい時期ですが、お子さんの成長を振り返ったり、新年度に向けた準備を進めたりするためにも、もう一度、母子健康手帳を開いてみましょう。

母子健康手帳、定期的に見直してみませんか？

073-03

母子健康手帳は、お母さんの妊娠から出産、そして、お子さんの出生から小学校入学（6歳）までの健康を記録するもの。引っ越したり、転院したりしても、お母さんとお子さんの健康を切れ目なくサポートするための大切な記録です。

チェック！

身体発育曲線に育ちを記録していますか？

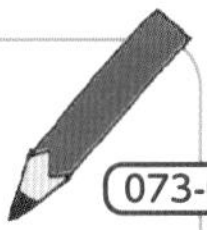

073-04

身体発育曲線（成長曲線）には、子どもの身長と体重の育ちの目安がのっています。ここに、お子さんの身長と体重の測定値を記入し、線で結んでみましょう。成長曲線の目安と、お子さんの測定値のグラフが平行に伸びていれば、順調に成長していることがわかります。

チェック！

保管場所を決めていますか？

073-06

母子健康手帳は、小学生になると使う機会が少なくなりますが、お子さんにとっては大切な「健康の履歴書」。将来、留学や仕事などで予防接種の接種歴を見るなど、必要な場面があります。家族で置き場所を決め、大切に保管しておきましょう。

チェック！

予防接種、受けそびれはないですか？

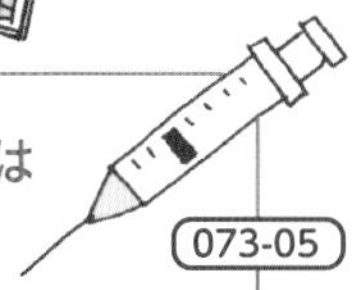

073-05

３歳以降は予防接種の数が減るため、つい忘れがちですが、日本脳炎やMR、流行性耳下腺炎（おたふく風邪）などの追加接種があります。せっかく最初の接種を受けても、追加接種を受けないと免疫が十分につきません。追加接種を受けそびれないよう気をつけて。

また、二種混合や子宮頸がんワクチン（HPVワクチン）など、小学校以降に受ける予防接種も記録できる母子健康手帳もあります。就学後もときどきチェックしましょう。

中学生や高校生になったとき、成長を振り返る記録に！

母子健康手帳を使うのは主に6歳までですが、それ以降も大切に保管しておきましょう。大きくなってから、本人が成長を振り返るときにも母子健康手帳は便利です。

073-02

1月

0-5 　　074-A

あけましておめでとうございます！子どもたちの元気なあいさつで、新しい1年が幕を開けました。今年もうがい、手洗い、せきエチケットで、感染症予防をしながら元気に過ごしましょう。

0・1・2 　　074-B

寒い季節は、肌の乾燥やかゆみが気になります。空気が乾燥して汗をかきにくくなるため、皮膚の保湿力が低下しているのです。暖房中は必ず加湿して、保湿剤でのスキンケアも続けましょう。

0・1・2 　　074-C

本格的な寒さがやってきました。いつもより食欲がない、元気がない、きげんが悪いといった状態は病気のサインかもしれません。いつもとちがう様子があれば、担任にお知らせください。

3・4・5 　　074-D

寒い日はポケットに手を入れ、背中を丸めがちですが、姿勢が悪いと体のバランスがくずれて転びやすくなり、転んだときも大変危険です。ポケットから手を出し、背筋はピンと伸ばしましょう。

2月

0-5 　　074-E

寒さが厳しい毎日。休みの日には家にこもりがちになりますが、冷たい空気に触れることで自律神経は鍛えられ、病気に負けない体をつくります。天気のいい日は、積極的に外遊びをしましょう。

0・1・2 　　074-F

空気の冷たさを肌で感じたり、白い息を吐いたり、子どもたちは小さな体でまるごと季節を感じながら過ごしています。おうちの中では、ホットカーペットなどによる低温やけどにご注意ください。

0・1・2 　　074-G

寒い日が続きますが、静かな春の足音も時折聞こえてきます。今年度も残り2か月になりました。お子さんも集団生活に慣れて、体力もついてきました。寒い冬を元気に乗り越えられそうです。

3・4・5 　　074-H

花粉症の季節がやってきました。外遊びの後は服を着替える、手や顔を洗う、髪をぬれタオルでふく、洗濯物やふとんを外に干さないなど、少しでも快適に過ごせるよう工夫していきましょう。

3月

0-5 　　074-I

寒さがやわらぎ、春の気配を感じられるようになりました。季節の変わり目は自律神経が乱れやすく、大人も子どもも体調をくずしがちです。食事、活動、睡眠の生活リズムを整えていきましょう。

0・1・2 　　074-J

外遊びやお散歩が心地よい季節になりました。子どもたちはこの1年で、見ちがえるほど大きく、たくましくなりました。これからもそれぞれのペースで、成長していく姿を見守っていきます。

0・1・2 　　074-K

日ごとに暖かくなり、お散歩が楽しい季節です。この時期、長引く鼻水や鼻づまりはアレルギー性鼻炎かもしれません。気になる様子があれば一度受診し、家庭でできるケアを始めてください。

3・4・5 　　074-L

「1つ大きくなる」喜びで、わくわくしている子どももいれば、進級・進学を控えて気持ちが不安定になる子もいます。指しゃぶりやつめかみ、チックなど気になる様子があればご相談ください。

tsukibetsu
⬇
074-075
⬇
zentai
color
shirokuro

おすすめの年齢 0 — 5

「3月3日」耳の日に寄せて

3月3日は「みみの日」です。耳は、音を聞いたり、体のバランスを感じ取ったりする大切な器官です。子どもの耳ならではの特徴を知って、耳を守りましょう。

耳の構造

075-02

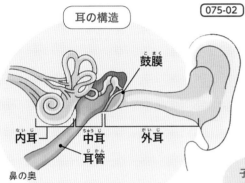

鼓膜（こまく）

内耳（ないじ）　中耳（ちゅうじ）　外耳（がいじ）

耳管（じかん）

鼻の奥

耳の仕組みは……

耳の仕組みは、大人も子どもも同じで、外耳、中耳、内耳の3つのパートがあります。耳の穴から鼓膜までが外耳、鼓膜の奥には、中耳、内耳があります。内耳では音や体のバランスなどをキャッチしています。

ただ、子どもは、大人よりも体が小さいため、子どもならではの特徴があります。

子どもの耳は……　**中耳炎になりやすい**

中耳は「耳管（じかん）」という管で、鼻の奥とつながっています。子どもは大人に比べて耳管が短く、傾きがなだらかなため、鼻の中のウイルスや細菌が耳管を通って中耳に入りやすく、中耳炎を起こしやすいのです。

だから…
鼻水を放っておかない

鼻水が出ているのをずっと放っておくと、鼻水の中にウイルスや細菌が繁殖し、中耳炎の原因となります。鼻水が多いとき、何日も続くときは鼻吸い器（鼻汁吸引器）などで吸ってあげましょう。

075-03

子どもの耳は……　**耳掃除が大変**

耳の穴が小さく、中が見づらいため、耳掃除が難しいです。また、耳の中の皮膚は敏感なため、子どもがいやがって動いて耳の中を傷つけることや、きょうだい児が抱きついてきて耳かきが押されて鼓膜が破れる事故も。

だから…
困ったら耳鼻咽喉科で相談しましょう

普段の耳のケアは、おふろ上がりなどに耳の穴の入り口を綿棒でぬぐうだけでも OK です。綿棒を奥に入れてしまうと、耳あかを奥に押し込んでしまうことになります。耳あかがたまっているのに、耳掃除が難しいときは耳鼻咽喉科で相談しましょう。耳掃除のために受診するのは、めずらしいことではありません。

075-04

075-01

1月・2月・3月の話題

「3月3日」耳の日　知っておきたい耳の異常のサイン

3月3日は3（み）3（み）にちなんで「耳の日」。子どもは風邪などの感染症から耳のトラブルを起こすことがしばしばあります。早く対応できるよう、耳の病気や聞こえの異常のサインを知っておきましょう。

耳の病気

子どもが風邪をひいて鼻水が出ているのを放っておくと、鼻水の中にウイルスや細菌が繁殖し、耳管を通って中耳に侵入して中耳炎を起こすことがよくあります。中耳の中で炎症が起こってうみがたまり熱を出すことや、鼓膜を圧迫するため強い痛みが起こります。また、鼓膜が破れてうみ（耳だれ）が出ることも。

- - - 発熱など、風邪の症状に加えて - - - - - -

・しきりに耳を触る、頭を振る
・耳に触られるといやがる

痛みや違和感のために、耳を触ったり、頭を振ったりします。また、痛みのためにきげんが悪くなったり、夜なかなか寝なくなったりします。

076-02

聞こえの異常

聞こえの異常（難聴）には、生まれつき聴力が弱い場合と、病気が原因となっている場合があります。

難聴の原因となる病気は？

滲出性中耳炎

急性中耳炎が治りきらないと、中耳にサラサラとした液（滲出液）がたまります。痛みや発熱などの症状がないため、発見が遅れることがあります。

おたふくかぜ（流行性耳下腺炎）

原因となるウイルスが内耳（音を感じる部分）に感染して、難聴を起こします。流行性耳下腺炎の予防接種を受けて、感染を防ぐことが重要です。

聞こえの異常は、言葉の育ちにも影響します。子どもは「聞こえにくい」ことに気づきにくく、正確に言えません。聞こえにくいサインを知って、早めに気づくことが大事です。

テレビの音が大きい

テレビの音を、必要以上に大きくします。

076-03

後ろから呼んでも気づかない

後ろから名前を呼んでも振り向かなかったり、返事をしなかったりします。左右差がある場合もあります。

076-01

tsukibetsu
⇩
076-077
⇩
zentai
color
shirokuro

子どものやけど、気をつけて！

0〜1歳のやけどが最も多い

やけどで救急車で運ばれた人のうち、最も多いのが1歳児、次いで0歳児です。やけどというとストーブやアイロンを思い浮かべるかもしれませんが、いちばん多い原因は、みそ汁やスープなどの熱い食べ物。やけどはちょっとしたすきに起こるので、注意しましょう。

077-02
炊飯器の蒸気に触れてやけどした

こんなことに注意！

電気ポットのコードを引っぱって落下させ、お湯がかかった

077-03

対策　加熱する電化製品は、手の届かない場所に置き、コードに引っかからないよう注意しましょう。

食卓に置いた、熱いみそ汁の入ったおわんをひっくり返した　077-04

対策　熱いものは子どもの手の届かない場所に置き、子どもの食事は冷ましてから食卓へ。また、だっこしたまま調理したり、熱いお茶などを飲んだりするのもやめましょう。

すぐ冷やして！
077-05

子どもがやけどをしたときは、すぐに流水で冷やします。衣類を着ているときは、服の上から水をかけましょう。水ぶくれができたときや、やけどの範囲が広いときは病院へ。

077-01

低温やけどに注意しましょう

低温やけどは、使い捨てカイロなど、身近なものが原因になります。50度なら3分間押しつけているだけで、42度でも6時間触れていると、低温やけどを起こします。

低温やけどは少しひりひりしたり赤くはれたりするだけですが、実際には皮膚の深いところに及んでいることがあります。子どもは症状をうまく言えないので、皮膚のはれが長引くときは、念のため受診しましょう。

077-07
使い捨てカイロ
湯たんぽや電気あんか
こたつや電気毛布

低温やけどを防ぐには

電気毛布は寝る前 ON、寝るとき OFF

寝る前に電気毛布のスイッチを入れてふとんを温めておき、寝るときにはスイッチを切りましょう。

湯たんぽは体から離して

電気あんかや湯たんぽは、睡眠中に触れないよう体から少し離れたところに置きましょう。

077-08

077-06

豆まき、ちょっと工夫しましょう

2月3日は節分の日。豆まきは楽しい行事ですが、いり豆は窒息の原因となりやすい食べ物です。のどにつまらせたり、くだけた豆が気管に入り、誤嚥を生じることがあります。3歳ごろまでは食べさせないようにしましょう。

くだいた豆も危険です。また、家の中にまいた豆を拾って口に入れないように注意しましょう。

こんなものにも要注意！

いり大豆やナッツ類も3歳までは食べさせないように。

いり大豆　　ピーナッツ　　アーモンド

078-02

豆を食べるときは……

● 落ち着いて食べる

きちんと座らせ、大人が見守るところで食べさせましょう。

● 水分をいっしょにとる

のどをうるおして、飲み込みやすくします。

078-03

078-01

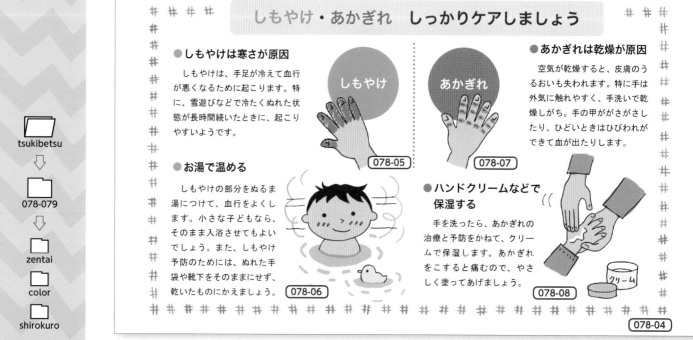

しもやけ・あかぎれ　しっかりケアしましょう

● しもやけは寒さが原因

しもやけは、手足が冷えて血行が悪くなるために起こります。特に、雪遊びなどで冷たくぬれた状態が長時間続いたときに、起こりやすいようです。

● お湯で温める

しもやけの部分をぬるま湯につけて、血行をよくします。小さな子どもなら、そのまま入浴させてもよいでしょう。また、しもやけ予防のためには、ぬれた手袋や靴下をそのままにせず、乾いたものにかえましょう。

しもやけ

078-05

078-06

● あかぎれは乾燥が原因

空気が乾燥すると、皮膚のうるおいも失われます。特に手は外気に触れやすく、手洗いで乾燥しがち。手の甲ががさがさしたり、ひどいときはひびわれができて血が出たりします。

あかぎれ

078-07

● ハンドクリームなどで保湿する

手を洗ったら、あかぎれの治療と予防をかねて、クリームで保湿します。あかぎれをこすると痛むので、やさしく塗ってあげましょう。

クリーム

078-08

078-04

079-A

\ふ～ん！/ ではなをかむ練習から始めましょう

大人にとってはなをかむのは簡単なことですが、小さな子どもは、鼻から息を吹き出すのも難しいもの。まずは練習から始めましょう。

鼻から息を吹いてみる

フーン

079-02

「お鼻からフーンって吹くよ」と声をかけて、鼻から息を吹き出させます。ティッシュペーパーや、糸につるした紙飛行機を顔の前に垂らし、揺らす遊びもおすすめ。

片方ふさいで吹いてみる

フーン

079-03

鼻から息を吹けるようになったら、片方の鼻の穴をふさいで、やさしく息を吹くよう声をかけます。上手になったら、ティッシュペーパーを当てて片方ずつはなをかませてみます。

079-01

079-B

どうしよう!?

079-05

耳に、鼻に、ものが入ってる！

小さな子どもが、鼻や耳に小さなものを入れてしまい、取れなくなることはよくあります。痛みがあればすぐ気づきますが、痛みがないと、「耳掃除で見て、初めて気づく」など、時間がたってから発見することもしばしばです。

● こんなものが入っていたことも……

ビー玉、豆類、BB弾、ボタン、植物の種、ピアスのキャッチ　など

079-07

079-06

ダメだよ

「入れちゃダメ」
「すぐ教えて」
と教える

耳や鼻にものを入れてはいけないとしっかり言い聞かせましょう。また、もし何か入ってしまったら、すぐに大人に伝えるよう教えておくことが大切です。

注意

無理に取ろうとせず、病院へ

取ろうとして、かえって奥に押し込んでしまいがち。無理せず、小児科か耳鼻咽喉科で取ってもらいましょう。

079-04

1月・2月・3月の話題

「耳掃除」うまくできていますか？

「耳掃除」が「耳あか取り」だけになっていませんか？

耳掃除は気をつけていても、耳の後ろや耳のみぞは見落としがち。おふろで洗う習慣をつけましょう。

また、耳には「耳あか」を外に排出する仕組みがあります。耳あかを取ろうとしてかえって耳の皮膚を傷つけることもあるので、耳の穴の入り口に近いところにある大きな耳あかを取り除くだけで大丈夫です。

耳のみぞもしっかり拭いて

子どもの耳は小さく、みぞの中に汚れがたまりがち。おふろ上がりに綿棒などでやさしくふいてあげましょう。

080-02

耳の中に水分が残らないよう、指にタオルを巻いてふき取って。

耳の後ろの洗い残しに気をつけて

080-03

耳の後ろはすすぎにくいので、体を洗うときではなく、髪を洗うときに、ついでに耳の後ろまで洗う習慣をつけましょう。

080-01

保湿剤、使い分けましょう！

水分多め	成分	油分多め
さらさら	使い心地	ややかため
やや弱め	持久力	強め

夏向き　　　　　　　　　　オールシーズン　　　　　　　　　　冬向き

080-05
●ローション
　液状でのびがよく、使い心地はさらさらしています。炎症や傷口にはしみることも。

080-06
●乳液
　クリームよりも水分が多く、のびがいいタイプ。

080-07
●クリーム
　軟こうよりもやわらかく吸収されやすいですが、汗などで流れやすいという弱点も。

080-08
●軟こう
　油分が多く、ややかためですが、皮膚への刺激がほとんどありません。

080-04

tsukibetsu
⇩
080-081
⇩
zentai
color
shirokuro

お子さんの成長、「見える化」しましょう

081-02

園では毎月、子どもたちの身長と体重を計測しています。ぜひ、母子健康手帳などの身体発育曲線（成長曲線）に記入して、成長を「見える化」しましょう。

グラフのカーブが大事

数字では、増えているかどうかしかわかりませんが、グラフにすると、成長曲線に沿って、順調に増えているかが見えてきます。

少し小さめでも、伸びの度合いに沿って育っているなら問題ありません。

心配なのは、伸びの度合いが低いときです。

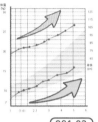

081-03

点にこだわらない

計測値を記入すると、つい「同年代の子どもに比べて大きいか、小さいか」に注目しがちですが、大切なのは経過です。例えば、成長曲線は2歳でグラフが分かれていますが、これは身長を立って測るようになるため。身長や体重はちょっとしたことでも影響を受けるため、数字だけを見るのではなく、長い目で子どもの育ちを見守りましょう。

081-01

衣がえ サイズもチェック！

0～4歳までは、一生で最も成長が速い時期。衣がえのついでに、衣服や靴のサイズをチェックして、きつくないか確かめましょう。また、ズボンのすそが長すぎると転びやすいですし、そでが長いと、転んだときにとっさに手をつきにくいことも。子どもの体格に合わせて、縫い止めてあげましょう。

● 身長がこんなに伸びる！

0歳から1歳まで	約25cm
1歳から2歳まで	約10cm
2歳から3歳まで	約8cm
3歳から4歳まで	約7cm

公益財団法人母子衛生研究会『子供の成長・発達』より

体を動かしてチェック

身長だけでなく、体に合っていることも大事です。しゃがんだときに、おしりや太ももがきつくないか、腕を上げたときに肩がきつくないかもチェックしましょう。

081-05

靴も忘れずに

子どもの足は1年で約1cm大きくなります。靴がきついと足の成長を妨げますし、ゆるすぎると転ぶ原因に。誕生日や年度末を目安に靴が足に合っているかチェックしましょう。

081-06

081-04

1月・2月・3月の話題

耳の薬、上手に使いましょう

耳の穴に注入する薬（点耳薬）は、中耳炎で鼓膜が破れたときや外耳炎（耳の穴の皮膚の炎症）などで使います。抗菌薬が入っているので、正しく使わないと、長引いたり悪化したりするおそれがあるので注意しましょう。

1 清潔な手で、薬を少し温める

082-02

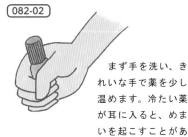

まず手を洗い、きれいな手で薬を少し温めます。冷たい薬が耳に入ると、めまいを起こすことがあるためです。

2 子どもを寝かせて、薬を入れる

082-03

薬を入れるほうの耳を上にして寝かせ、頭を軽く押さえます。耳を少し後ろに引っぱり、薬を垂らします。薬がしっかり届くよう、しばらくそのままじっとさせましょう。

082-01

鼻の薬、上手に使いましょう

アレルギー性鼻炎などで、鼻の中に直接注入する薬が処方されることがあります。薬を使うときには、大人が真剣な顔になりがちなので、笑顔で安心させてあげましょう。

082-05

1 鼻の中をきれいにする

鼻の粘膜に薬がしっかり届くよう、最初にはなをかませます。また、大人は手をきれいに洗い、清潔な手で薬を扱いましょう。

2 鼻の中に薬を入れる

●噴霧（スプレー）タイプ

いすやソファー、ひざの上に座った状態で、鼻に点鼻薬の先端を差し込み、噴霧（スプレー）します。

●滴下タイプ　082-06

少し頭が低くなるようにあお向けに寝かせ、鼻の中に薬を入れます。薬が行き渡るよう、しばらくそのままじっと待ちましょう。

※使用後は、点鼻薬の容器の先端をティッシュペーパーなどでぬぐいます。

082-04

季節を問わない
感染症と病気

季節を問わず、園で流行しがちな感染症や、
子どもがかかることの多い病気を集めました。
園や地域での流行に合わせて、
月別の「ほけんだより」の記事と組み合わせて
使用することもできます。

季節を問わない感染症と病気

PART 2

byouki
⇩
084-085
⇩
zentai

color

shirokuro

84

熱性けいれんが起こったら？

子どもが高い熱を出し、突然けいれんが起これば、だれでもびっくりするでしょう。でも、日本の子どもの5〜10%が熱性けいれんを起こすので、めずらしいことではありません。

熱性けいれんは熱の上がり際に多く、突然手足をガクガク震わせ、体をかたくつっぱり、顔色が悪くなり、白目をむいて、意識がなくなります。

熱性けいれんを起こしても、再発するのは30%程度です。また、繰り返し熱性けいれんを起こしても、成長とともに治まることがほとんどです。

●熱性けいれんを起こしやすい病気

突発性発疹	ヘルパンギーナ	インフルエンザ

※急激に熱が上がる病気でよく見られます。

けいれんが起こったら……

❶ 横向きに寝かせる

けいれん中におう吐することがあるため、顔を横向きにします。体が硬直しているときは、体ごと横向きに。

084-02

注意 やってはいけないこと

●口にものを入れる
けいれんで舌をかむことはありません。ものをかませたり、口に手を入れたりしてはいけません。

●体を揺り動かす
●大声で呼びかける
刺激しないように、静かに見守りましょう。

❷ 時間を見ながら、静かに見守る

けいれんが続く時間を測りながら、静かに見守りましょう。ほとんどの場合、5分以内に自然に止まります。

084-03

ここを Check!

●けいれんがどこに起こっているか
●どんなけいれんか

けいれんの様子を見ておきましょう。手足がガクガクするのは左右両方か片方か、目はどちらを向いているか、けいれんは何分続いたか、などがわかると診断の参考になります。

❸ 子どもの様子によっては119番通報する

5分以内に治まり、いつもどおりの状態に戻る
・・・▶ かかりつけ医を受診しましょう

5分以内に治まったが、意識が戻らない、まひが残る、けいれんを繰り返すなどの場合

けいれんが5分以上続く
・・・▶ 119番通報する
けいれんの原因となる病気がある可能性があります。

084-04

084-01

意外に多い **子どもの便秘** お子さんは大丈夫ですか?

　子どもの便秘は意外と多いものです。便秘が続くと、うんちをするときにおしりが痛んだり、肛門が切れて血がついたり、おなかが苦しくなったりするため、排便することをいやがって、ますます便秘がひどくなってしまいます。食事や生活リズムを見直して、快便生活を目指しましょう。

085-02

- うんちの間隔が３日以上あく
- うんちが出ているのに、おなかがパンパン
- かたいコロコロしたうんちがちょっとずつ出る
- うんちのときに泣く
- ものすごく息んで苦しそう
- うんちをいやがる

大人はうんちが出ていれば便秘ではないと考えがちですが、「うんちが出ていても体内に残る量が多い」「うんちのたびに痛みや苦しさが強い」なども、便秘の症状です。うんちをするときのお子さんの様子もチェックしましょう。

それ、便秘のサインかもしれません!

生活習慣を見直して便秘を解消しましょう!

　腸の運動は生活リズムの影響を受けやすいので、まずは生活リズムを整えましょう。それでも効果が十分に出ないときは、かかりつけ医に相談を。

| 食べる | → | 寝る | → | トイレに行く |

- 野菜をたくさんとってバランスよく食べる
- 食事の時間を守る

085-03

　食事の時間を決めると、生活リズムが整いやすくなります。また、食べたものが便になるまでの時間が一定になるため、排便リズムがつきやすくなります。

- 睡眠時間を決めて、たっぷり寝る

085-04

　たくさん寝て、腸の調子を整えましょう。

- 朝、トイレに10分間座ってみる

085-05

　毎日決まった時間にトイレに行く習慣をつけましょう。子ども用の便座や、トイレに座ったときに足が浮かないための踏み台を用意するのも大事です。

085-01

086-A

食物アレルギーの原因はさまざま

食物アレルギーの原因食品の内訳

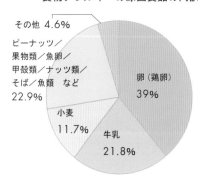

- その他 4.6%
- ピーナッツ／果物類／魚卵／甲殻類／ナッツ類／そば／魚類 など 22.9%
- 小麦 11.7%
- 牛乳 21.8%
- 卵（鶏卵）39%

食物アレルギーの原因となる食べ物は年齢により異なり、1歳までの3大原因は卵（鶏卵）、牛乳、小麦です。1歳以降になると魚卵、ピーナッツ、果物が加わり、4歳以降になるとそばが入ってきます。どんな食べ物でも、園で初めて食べることがないよう、家庭で必ず食べさせて様子を見てください。

アレルギー症状は、湿しん（じんましん）、おう吐、せきや鼻水、元気がないなどが見られます。

小学校入学までに改善するケースも多い

086-02

小さな子どもに多い卵（鶏卵）、牛乳、小麦による食物アレルギーは、小学校入学前までに、給食を食べられるくらい改善するケースが多いといわれています。

086-01

086-B

アトピー性皮膚炎

アトピー性皮膚炎は、乳幼児の顔や胸のところにかゆみを伴った湿しんが見られ、その後全身に広がります。よくなったり、悪くなったりを繰り返すのが特徴です。

原因は、1. アレルギー性の体質（アトピー素因）があること、2. 皮膚のバリア機能が低下し、乾燥しやすく、刺激に弱い皮膚であることです。

肌を守るポイントは3つ！

Point1 スキンケア

皮膚を清潔にして、保湿剤で皮膚のうるおいとバリア機能を守ります。

086-04

Point2 刺激を取り除く

掃除や換気で、身の回りのほこりやカビなど、アレルゲンとなり炎症を悪化させるものを取り除きます。

086-05

Point3 塗り薬による治療

炎症がひどいときは、ステロイドの塗り薬を使います。

086-06

086-03

byouki
⇩
086-087
⇩
zentai
color
shirokuro

気管支ぜんそく
ダニ・カビを防いで気管を守ろう

気管支ぜんそくの原因（アレルゲン）として最も多いのは、ダニなどによるちり（ハウスダスト）。気管支ぜんそくの発作を防ぐためには、身の回りのダニを減らすことが大切です。

湿度の高い時期に要注意

梅雨時など、湿度の高い時期はカビやダニが増えやすく、気管支ぜんそくの発作が起こりやすい時期です。換気をしたり掃除機をかけたりして室内のハウスダストを減らす、除湿器を使うなどで、アレルゲンを減らしましょう。

087-02

エアコンや空気清浄機も注意

エアコンや空気清浄機の内部はカビやほこりがたまりやすいもの。フィルターなどをこまめに掃除して、清潔に保ちましょう。

087-01

知っていますか？　アタマジラミ症
～早く見つけて、根気よく対応～

アタマジラミは、意外と身近なところに潜んでいて、頭と頭を寄せ合うことでうつります。また、寝具やタオル、ロッカーなどを介してうつることもあり、集団生活の中で広がることがしばしばです。不潔だからうつるわけではありません。

どうやって見つける？

087-04

シラミの動きは素早いので、髪に卵がついているかどうか調べます。髪をかき分けて、根元までよく見ましょう。卵は白くてフケと紛らわしいのですが、アタマジラミの卵は爪でしごいても取れません。

どう対応すればいい？

087-05

❶ くしでよくすく

目の細かいくしで髪をとかして、卵を取り除きます。

❷ 専用のシャンプーを使う

駆除成分の入ったシャンプーで髪を洗います。家族内でうつし合うことが多いので、家族全員で使いましょう。

087-06

❸ 寝具はこまめに洗う

寝具はできれば毎日洗いましょう。アタマジラミは熱に弱いので、ふとん乾燥機を使うのもおすすめです。

087-03

byouki
⇩
088-089
⇩
zentai
color
shirokuro

おすすめの年齢 0－5

088-A

おたふくかぜが はやっています！

088-02

おたふくかぜ（流行性耳下腺炎）のウイルスにかかると、耳の下にある耳下腺が炎症ではれて痛んだり、ものをかんだり、飲み込むときに痛みを起こしたりします。

直接ウイルスに効く薬はないので、安静にして過ごしましょう。痛みがひどいときは、はれたところを冷やしてあげましょう。

じつは怖い病気です

ウイルスが、神経や内臓にも感染するため、髄膜炎や脳炎、難聴、精巣炎や卵巣炎など、重い合併症を起こすことがあります。

登園再開の目安を守りましょう

耳の下がはれてから数日間は人にうつしやすいため、「耳下腺、顎下腺、舌下腺がはれてから5日たっていて、いつもどおり元気になっている」こと、医師による登園可能の判断が登園再開の目安です。

予防接種を受けましょう

おたふくかぜの予防接種は任意接種です。合併症を防ぐためにも、予防接種を受けておたふくかぜを防ぐことが大切です。1歳を過ぎたら、かかりつけ医に相談しましょう。

088-01

おすすめの年齢 0－5

088-B

水ぼうそうは、帯状疱疹の原因にも

水ぼうそうは、水痘・帯状疱疹ウイルスが原因で起こります。全身に発しんができ、やがて水ぶくれからかさぶたに変化します。

水ぼうそう自体は軽い病気ですが、治った後もウイルスが体内に残り、帯状疱疹という病気を引き起こすことがあります。

088-04

088-05

予防接種を受けずに水ぼうそうにかかると、のちのち体調が悪くなったりして免疫が落ちたときに、ウイルスがあばれ出し帯状疱疹を起こします。予防接種を受けると、水ぼうそうと帯状疱疹の両方を防ぐことができます。

予防接種により……

本人を守る

みんなを守る

水ぼうそうは、妊娠中の女性がかかると、おなかの中の赤ちゃんに影響が及ぶことがあります。みんなが予防接種を受けて水ぼうそうの流行を防ぐことは、多くの人を守ります。

088-03

089-A

突発性発疹
高熱の後、発しんが出る

突発性発疹は、2歳くらいまでに多くの子どもがかかる病気です。0歳代にかかり、初めての高熱にびっくりしたら、突発性発疹だった……というケースが多いようです。突発性発疹は1回ですむと思われがちですが、2回かかることがあるので、あわてないようにしましょう。

3日くらい熱が続く

突然、38～40度の高い熱が出ます。鼻水やせきなどのほかの症状がなく、熱のわりに元気なのが特徴です。水分をしっかりとらせ、汗をこまめにふいて、気持ちよく過ごせるようにしてあげましょう。

↓

ポツポツが出る

熱が下がると、赤い発しんがおなかや背中に出てきます。この発しんが出て初めて、突発性発疹とわかります。

089-02

注意
突然高い熱が出て、熱性けいれんを引き起こすことがあります。

登園再開の目安

熱が下がって、
元気できげんがよいこと

熱が下がったら、1日は様子を見てしっかり体を休ませ、医師の診断を受けて登園するとよいでしょう。

089-01

089-B

百日ぜきが増えています！

百日ぜきは、赤ちゃんがかかると命にかかわることもある怖い病気で、4種混合ワクチンで予防されています。ところが、ワクチンの効果が弱くなった小学生～中学生、大人が百日ぜきにかかるケースが増えてきています。大人は、百日ぜきにかかっても軽いせきが続く程度ですむことが多く、知らないうちに人にうつしてしまうのです。

4種混合ワクチンは生後3か月から接種可能です。赤ちゃんを守るためにも、しっかり接種しましょう。また、大人が感染しない、うつさないよう気をつけることが大事です。

感染予防のために

● せきが出るときはマスクをつける
● こまめに手を洗う
● せきが続くときは受診する

089-05

百日ぜきと診断されると、抗菌薬が処方されます。量や期間を守って、正しく飲みましょう。

089-04

089-03

季節を問わない感染症と病気

〜合併症に気をつけましょう〜
溶連菌感染症

登園再開の目安
抗菌薬を飲み始めてから 24 〜 48 時間が経過していること

熱やのどの痛み、発しんが出ることも

溶連菌感染症では、38 〜 39 度の高い熱が出て、のどが痛みます。のどの検査で診断がついたら、抗菌薬を飲んで治療します。治療をしないと全身に赤い発しんが出るほか、舌がイチゴのように赤くざらざらになるのが特徴です。

090-02

かゆみが出るときも。

薬はしっかり飲み切って

抗菌薬を飲み始めると 1 〜 2 日で熱が下がり、症状は落ち着いてきますが、薬は最後まで飲み切りましょう。
症状が治まっても、薬を飲んでいる間はまだ体の中には溶連菌が残っています。薬の飲み忘れに注意しましょう。しっかり治さないと腎炎などの合併症の危険があります。

090-01

はやり目、家の中ではやらせないで！

090-04

はやり目（流行性角結膜炎）は、ウイルスの感染により目の充血や目やに、ゴロゴロした目の痛み、まぶたのはれ、涙などの症状が見られます。特効薬がなく、炎症を抑える点眼薬や細菌感染を予防する抗菌薬の点眼薬が使われます。自然に治るまで 1 〜 2 週間ほどかかり、非常にうつりやすいです。大人も含め、家族全員で予防に取り組みましょう。

家族全員で取り組んで！

●タオルは共有しない
●寝具はこまめに洗う
●おふろの順番を守る

感染している人の涙や目やににはウイルスが含まれており、タオルや寝具を介してうつります。タオルの共有はやめ、使い捨てペーパータオルにするのもよいでしょう。おふろは目に水が入りやすいので、感染している人は最後に入るようにします。

●手をしっかり洗う
●涙や目やにをふいたゴミは、密封して捨てる

ウイルスのついた手で目を触るとうつります。手はこまめに洗い、涙や目やにをふいたティッシュペーパーは袋に密封して捨てましょう。

●よく休む

ウイルスと戦う免疫を高めるためにも、ゆっくり休むことが大事です。

登園再開の目安
涙や目やに、充血などの結膜炎の症状がしっかり治まっていること

090-03

byouki
⇩
090-091
⇩
zentai
color
shirokuro

ゆっくり治す 水いぼ

水いぼは、皮膚にウイルスが感染してできる小さないぼです。特に治療しなくても、体に免疫がついて1年以内に自然に治まることがほとんどですが、中には2～3年かかるときもあります。痛みやかゆみはありませんが、気になってかき壊すと、数が増えたり、とびひの原因になります。

「水いぼ」って?

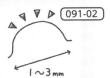

091-02

つるんとしたいぼで、かいたりして破れると、中から白くドロっとしたものが出てきます。

1～3mm

水いぼがあるときは……

肌を傷つけない

091-03

皮膚が荒れたところから水いぼのウイルスが侵入します。皮膚は清潔にして、保湿ケアでよい状態をキープしましょう。かき壊さないよう、つめは短く切って。

増えるときは受診を

数が増える、大きなものができたときは、かかりつけ医に相談しましょう。水いぼをつまみ取る治療や液体窒素で凍結させる治療が行われることもあります。

091-04

肌と肌が触れ合うとうつることがあるので、水いぼがあるときは職員にお伝えください。

091-01

アレルギーとは限らない じんましん

どんな症状? 091-06

皮膚が赤く盛り上がり、かゆみが出ます。形はまちまちで、次第にくっついて大きくなることも。

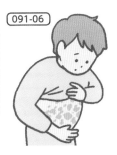

原因不明のことが多い

じんましんは食物アレルギーが原因と思われがちですが、風邪をひいて体調が悪いとき、疲れているとき、気温が急に下がったときなどに出ることがほとんどです。

じんましんが出る場所や、治まるまでの時間、かゆみの程度はまちまちで、いったん治まっても繰り返すことがあります。

軽ければ様子を見て

治療をしなくても、自然に治まることがほとんどです。じんましんがある範囲がせまく、かゆみがそれほど強くなければ様子を見ましょう。

ひどいときはかかりつけ医へ

ひどくかゆがる、範囲が広い、なかなか治まらないときは、かかりつけの小児科を受診しましょう。

091-05

byouki
⇩
092-093
⇩
zentai

color

shirokuro

予防接種で防ごう 風しん

どんな症状？
092-02

37 ～ 38 度の熱が出て、赤い細かいポツポツが全身に広がります。熱も発しんも、3～4日ほどで治まります。

予防接種のタイミング

1 歳のお誕生日に MR、ランドセルの準備と MR

麻しん風しん混合（MR）ワクチンは、1歳と5歳（小学校入学前の1年間）の2回接種。忘れずに受けましょう。

登園再開の目安
発しんが完全に消えていること

子どもには……

軽い病気
熱やポツポツのほか、せきやのどの痛み、だるさが出ることがありますが、それほど重くなることはありません。特に治療しなくても、安静にしていれば自然に治ります。

妊娠中の女性には……

おなかの子どもに影響する 怖い病気
風しんが怖いのは、妊娠中の女性がかかるとおなかの中の赤ちゃんに影響を及ぼすことがあるためです。妊娠中には予防接種を受けられないため、周囲の人が予防接種を受けて、風しんをうつさないようにしましょう。

092-01

まだまだ油断大敵 はしか（麻しん）

はしかは、過去の病気と思っていませんか。現在、日本国内で発生するウイルスはありませんが、海外で感染した人が日本で発症し、流行が広がることがあります。

はしか自体もつらいですし、肺炎や脳炎など重い合併症もあります。しかも、感染力が強く、免疫のない人の感染率はほぼ100％。予防接種を受けて、防ぎましょう。

登園再開の目安
熱が下がってから3日たっていること

予防接種のタイミング

● 1歳のお誕生日に MR
092-04

小さな子どもがはしかにかかると、合併症を起こしやすく、重症になることも。1歳になったらすぐに予防接種を受けましょう。

092-05

● ランドセルの準備と MR

MR ワクチンは、2回接種が必要ですが、2回目の接種は忘れやすいもの。ランドセルの準備と MR ワクチンの接種予約をいっしょに進めましょう。

092-03

かわいい名前でも油断しないで　りんご病（伝染性紅斑<ruby>こうはん</ruby>）

どんな症状？

原因ウイルスに感染すると、両方のほっぺに赤い発しんが出ます。この様子から「りんご病」と呼ばれます。ほおがはれる前は、何も症状がないか、熱やだるさなどの軽い風邪の症状が出ます。

093-02

● 大人のほうが重くなる

子どもには軽い病気ですが、大人がかかると頭痛や強い関節痛を起こしたり、重い合併症を起こしたりすることがあります。また、妊娠中にりんご病に感染すると、おなかの赤ちゃんに影響が及ぶことがあります。

● 普段から手洗いをしましょう

りんご病は、ほおがはれる前の時期に感染力があり、ほおがはれて、りんご病だとわかるころにはもう人にうつすことはありません。そのため予防が難しいので、日ごろからこまめに手を洗って、家の中にウイルスを持ち込まないことが大切です。

093-03

093-01

原因を取り除くことが大事　アレルギー性鼻炎・アレルギー性結膜炎

093-05

093-06

アレルギーの原因物質が目や鼻の粘膜にくっつくことで、症状が起こります。ダニやほこりが原因で1年中起こるものと、花粉のシーズンだけに起こるものがあります。

どんな症状？

093-07　目がはれぼったくなり、涙目になります。

093-08　鼻水、鼻づまり、くしゃみなど。

家の中を過ごしやすい場所に

家の中を掃除して、アレルギーの原因物質を減らしましょう。花粉やほこりが舞い上がらないよう、掃除機をかける前にお掃除シートなどを使うのがおすすめです。

花粉を避ける

冬の終わりから春先はスギやヒノキ、夏はイネ科、秋はブタクサやヨモギ…、花粉が飛ぶ季節は決まっています。花粉のシーズンにはマスクをつけ、家に帰ったら顔を洗うなどで花粉を避けましょう。

093-04

094-A

意外と見落としがち！　泌尿器・生殖器の病気

女の子では……

●おりものがつく（膣炎）

子どもは、膣周辺を守る仕組みが未熟で、体調が悪いときや、雑菌が増えたときに炎症を起こしておりものが出ることがあります。きれいに洗い、トイレでは前から後ろにふくように教えましょう。

女の子も男の子も……

●ぼうこう炎
●尿道炎

ぼうこうや尿道に炎症が起こり、おしっこをするときに痛みや不快感があります。熱が出ることも。

気になることがあるときは、小児科で相談しましょう

094-02

094-03

男の子では……

●停留精巣

精巣（睾丸）が陰のうの中に降りていない状態で、手で触れることができません。また、精巣が触れたり触れなかったりする移動性精巣も注意が必要です。おふろから出た後、陰のうの中に精巣が左右２つあるかチェックしましょう。

●亀頭包皮炎

細菌感染により、陰茎の先が赤くなったり、陰茎全体が赤くはれ上がります。軽いものは抗菌薬の塗り薬で治療しますが、はれがひどいときは抗菌薬を飲みます。包茎が一番の原因なので、繰り返す場合は包茎の治療が必要になることがあります。

094-01

094-B

しからないで！　おねしょ

トイレトレーニングが終わってもおねしょが続くことはよくあります。おねしょは体の育ちと深くかかわるため、長い目で見守ってください。

赤ちゃんは……　→　成長すると……

寝ているときも起きているときも、同じようにおしっこが作られます。

094-05

抗利尿ホルモンが出るように

おしっこがつくられないようにする「抗利尿ホルモン」が出て、睡眠中につくられるおしっこが少なくなります。抗利尿ホルモンの量や増え方には個人差があります。

094-06

おねしょが続いても……

●夜起こさない

夜中に起こしてトイレに行かせると睡眠のリズムが乱れてしまい、逆効果です。

●生活リズムを守る

睡眠時間を守ることで、抗利尿ホルモンの分泌が整い、十分に分泌されるようになります。

●夕食は早めに

食後は内臓の活動が活発になり、眠りが浅くなります。夕食は寝る２時間前までにすませ、寝る前にしっかりおしっこをさせましょう。

094-04

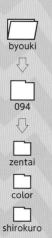

byouki
⇩
094
⇩
zentai
color
shirokuro

子どもの
健康維持と
ホームケア

子どもを病気やけがから守るために、
保護者に伝えたい情報のテンプレートです。
命にかかわるような緊急時の対応から予防接種、
登園・降園時の注意など幅広い内容を紹介しています。

子どもの健康維持とホームケア

のどにものがつまったとき

（096-02）

食事のときに，食べ物がうまく飲み込めないと、のどにつまらせてしまうことがあります。1歳半ごろまでの乳幼児は、ものを飲み込む機能が未発達なうえ、大人のように食べ物をかんだりすりつぶしたりすることができないため、のどにものをつまらせてしまうことがあります。

また、子どもの口の大きさは直径3〜4cmくらいなので、これより小さいものは食べ物以外の異物でも口の中に入れてしまいます。

食べ物や異物を飲み込んで、のどにつまってしまったときは、窒息（呼吸ができない状態）となり、命にかかわる場合もあります。

のどにつまったときの症状は？ （096-03）

- 口に指を入れる、のどを押さえる
- 声を出せない
- 窒息により、呼吸が苦しそう
- 顔色が悪くなる

気をつけたい食品やものは？ （096-04）

- もちや団子、グミなどの粘着性の高いもの
- ブドウやミニトマトなど、球状のもの、つるつるしたもの、弾力があるもの
- 3〜4cm以下のおもちゃや小さな日用品

「のどにつまる」と、「誤嚥」は違います

誤嚥とは？

小さな食べ物や異物がのどの奥の気管（空気の通り道）に入ってつまってしまう状態で、のどにつまったときと同様に呼吸が苦しくなり、窒息の原因となります。また、せき込む、ゼロゼロするなどの症状が出て、放っておくと肺炎になることもあります。

かたい豆やナッツ類は、口の中でバラバラに細かくなり気管に吸い込んでしまうことがあるので、3歳ころまでは食べさせないようにしましょう。

食事のときの チェックポイント

- ☐ のどにつまりやすい食品はない？
- ☐ 食べやすい大きさになっている？
- ☐ 正しい姿勢で食べている？
- ☐ しっかりかんでいる？
- ☐ 水分をとりながら食べている？
- ☐ 遊びながら食べていない？

のどにものがつまったときや誤嚥の対処法

背部叩打法

1歳未満 （096-05）

①片腕の上にうつぶせに乗せ、手のひらであごを支えて頭部が低くなる姿勢にする。

②もう片方の手のひらのつけ根部分で、肩甲骨の間を4〜5回強く早くたたく。

腹部突き上げ法

1歳以上 （096-06）

①子どもの背後から両腕を回す。

②一方の手をグーに握り、親指をおへその少し上に当てる。

③もう片方の手を握った手に重ね、手前上方に一気に強く突き上げる。5回繰り返す。

※意識や呼吸がないときは、ただちに119番通報。

※ものが取れるまで繰り返す。

（096-01）

異物・危険物を飲んでしまったとき

　食べ物以外のものを口から飲み込んでしまうことを誤飲といい、頻繁に発生している子どもの事故です。誤飲の危険があるものは、手の届く範囲に置かないことが基本ですが、ティッシュペーパーやポリ袋、せっけん、電池などの生活用品の管理にも注意が必要です。

誤飲発生リスト
- ●紙（ティッシュペーパー　新聞紙など）　●シール
- ●シャボン玉液　●医薬品　●たばこ　●ビー玉　●硬貨
- ●ペットボトルのふた　●ゴムボール（小）　●ミニカー（部品含む）

注意　誤飲によって窒息したり、消化管が傷ついたり、消化管に穴が開いてしまう場合もあります!!

特に 気をつけたいもの

☐ **薬のプラスチックシート**
➡ 消化管を傷つける。

097-02

☐ **ボタン電池**
➡ 短時間のうちに消化管に潰瘍（かいよう）をつくったり穴をあける。場合によっては命の危険も。

097-03

☐ **水でふくらむビーズ**
（芳香剤、消臭剤、園芸用品などに使われている）
➡ 体内で数倍にふくらみ、腸閉塞の原因に。

097-04

097-01

誤飲！ 家庭でできる応急処置は？

　口の中をよく洗い、異常が見られれば、すぐに受診しましょう。刺激性のものや炎症を起こす危険性があるものを飲んだときは、牛乳や水（120mLが目安）を飲ませますが、たばこや石油製品（合成洗剤、クレヨン、絵の具など）の場合は症状が悪化する可能性もあります。迷ったときは医療機関に相談しましょう。

注意 吐かせてはいけない場合

097-06

- ●意識障害やけいれんがある
- ●6か月未満の乳幼児
- ●ガソリン、灯油、塩素系漂白剤の原液などを飲んだとき
- ●とがったものを飲んだとき

家庭でできる応急処置

衣料用洗剤	牛乳、卵白などを与える
漂白剤	牛乳、卵白などを与える
殺虫剤（ホウ酸系）	牛乳または水を与える
シャンプー・リンス	牛乳、卵白などを与える
防虫剤（パラジクロロベンゼン）	水を飲ませて吐かせる（牛乳を飲ませてはいけない）

※診断には、「いつ・何を・どれくらい」飲んだかが重要です。誤飲したものの残りや説明書、箱などがあれば医療機関に持参してください。

097-05

97

意識や呼吸がなかったら

呼吸や心臓が止まって血液循環が途絶えると、人間の細胞は次々に壊れて死んでいきます。救急車到着までの時間は平均約8分ですが、何もしない時間が長ければ長いほど救命率は下がり、命が助かっても脳などに深刻なダメージが残ることがあります。

①気道閉塞の程度や被事故者の状態によって異なる。この時間は目安である。
②救急車が、要請を受けてから、現場に到着するまでの時間の全国平均（平成27年）。
（政府広報オンラインより）

救命の可能性は時間とともに低下します。救急隊の到着までの短時間であっても救命処置をすることが重要になります。

子どもがぐったりしていたら……

1 意識を確認する　肩を軽くたたきながら大声で名前を呼ぶ。

2 助けを求める　周囲の人に大声で救急車の手配を頼む。

3 呼吸の確認　片手で子どもの頭をそらせ、もう片方の手の指2本（乳児は1本）であご先を上げる。呼吸音や胸・腹の動きで呼吸を確認。

098-02

▶ 呼吸なし（あえぎ呼吸含む）の場合

心臓マッサージと人工呼吸！！

4 心臓マッサージと人工呼吸

098-01

心臓マッサージと人工呼吸のやり方

乳児（1歳未満）

左右の乳首を結んだ線の、中心よりやや下に中指と薬指2本を当て、胸の厚みの1/3の深さまで強く、1分間に100回のペースで速く、30回圧迫する。

098-04

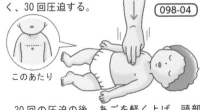

このあたり

30回の圧迫の後、あごを軽く上げ、頭部をそらせ、乳児の口と鼻をいっしょに口で覆い、1秒かけて胸が軽く上がる程度に2回息を吹き込む。

心臓マッサージ（胸骨圧迫）

強く　胸の1/3の深さまで

早く　1分間に100回のペースで

絶え間なく　圧迫30回＋人工呼吸2回

人工呼吸（息を吹き込む）

小児（1歳以上）

左右の乳首を結んだ線の、中心に片手のひらのつけ根の部分を当て、胸の厚みの1/3の深さまで強く、1分間に100回のペースで速く、30回圧迫する。

098-05

ひじを伸ばして垂直に圧迫

30回の圧迫の後、あごを軽く上げ、頭部をそらせ、息がもれないように鼻を指でつまんで口だけを覆い、1秒かけて胸が軽く上がる程度に2回息を吹き込む。

※心臓マッサージ30回と人工呼吸2回を繰り返す。　※胸骨圧迫の強さや、吹き込む息の量などを体で覚えるため、ぜひ救命講習に参加しましょう！

098-03

kenko
⇩
098-099
⇩
zentai

color

shirokuro

受診するべき？　迷ったときは

099-02

夜間や休日に子どもの具合が悪くなったとき、すぐに休日診療所や救急外来を受診すべきかどうかは、迷います。自己判断で、急ぐ必要のない受診をしたり、反対に急を要する状態を見逃したりしないよう、信頼できる相談窓口やアプリを登録しておきましょう。

こどもの救急（ONLINE QQ）

厚生労働省研究班と日本小児科学会の監修によるウェブサイトです。対象年齢は、生後1か月〜6歳。発熱、おう吐、けが、誤飲など、気になる症状から細かいチェックリストに進み、受診の要不要を判定。看病のポイントも紹介されています。

こども医療電話相談
（365日受付）　♯8000

全国同一の短縮番号♯8000に電話をすると、都道府県の相談窓口につながり、小児科医や看護師から、症状に合わせた対処法や受診の必要性、受診する病院についてのアドバイスが受けられます。

全国版救急受診アプリ　「Q助」

総務省消防庁が開発・提供しているアプリです。画面上で該当する症状を選択すると、緊急度に応じた対応（救急車を呼ぶ、早めに医療機関を受診、引き続き注意して様子を見るなど）が表示されます。医療機関や、受診手段の検索も行えます。

099-01

こんなときは

ためらわずに救急車を！

099-04

- 出血が止まらない
- 唇が紫色で呼吸が弱い
- 激しいせきや喘鳴（ぜいめい）（呼吸がゼーゼーする）ゴホゴホ
- 激しい腹痛、おう吐が止まらない
- 硬直している

こんなときも……

- 意識がない、もうろうとしている
- 全身にじんましんが出て、顔色が悪い
- けいれんが続く
- 広範囲のやけど、痛みのひどいやけど
- 3か月未満の乳児の様子がおかしい
- 交通事故
- おぼれている
- 高所からの転落

099-05

救急車が来たら伝えること

- □ 事故や具合が悪くなった状況
- □ 救急隊が到着するまでの変化
- □ 行った応急手当の内容
- □ 子どもの情報
  （持病、かかりつけ医、飲んでいる薬など）

病院に持っていくもの

- 健康保険証
- 医療費控除証（マル乳）
- 母子健康手帳　●お薬手帳
- 体温表など経過のわかるもの
- 着替え（おむつ）●お金

099-03

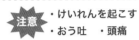

予防接種を受けましょう

予防接種は、自分が病気にかかるのを防ぐだけでなく、人に感染させてしまうことで園や社会全体にその病気がまん延するのを防ぎます。

また、病気にかかったとしても、重症化を防げる場合もあります。

いつ受ければいいの？

母親からもらった免疫が薄れてくる時期や、その病気にかかりやすい年齢、病気が重症化しやすい年齢などに応じて受ける必要があります。病気ごとに定められた期間内に、接種することが大事です。

異なるワクチンの接種の間隔が2020年10月から変更になりました。体調の変化などで予定どおりに進まないときや接種スケジュールがわからないときは、かかりつけ医などに相談しましょう。

気をつけたい副反応

注意 ・けいれんを起こす ・おう吐 ・頭痛

副反応の多くは、接種部分のはれや発熱ですが、まれに命にかかわるものや、重い後遺症を引き起こすものもあります。けいれんや頭痛、おう吐などの症状が見られたら、早急に医療機関を受診する必要があります。

予防接種を受けた日は

接種後30分は医療機関で様子を見るようにします。接種した部分の異常なはれや急な発熱、発しんなどがなければ、特に安静にしている必要はありませんが、過度な運動は避け、室内遊びなどで過ごしましょう。

どれを優先すればいいですか？

100-02

100-01

乳幼児が受けるべき 予防接種

定期予防接種
「予防接種法」という予防接種の規則を決めた法律に基づくワクチンです。決められた接種期間に決められた回数を無料で受けることができます。

任意予防接種
「予防接種法」に基づかないワクチンです。「定期予防接種」とのちがいは制度上のもので、ともに重要なワクチンです。費用は個人で負担することになりますが、自治体の助成が受けられるところもあります。

おもな予防接種	予防できる病気
4種混合ワクチン	ジフテリア・百日ぜき・破傷風・ポリオ（急性灰白髄炎）
B型肝炎ワクチン	ウイルス保有者（キャリア）になると、肝炎、肝硬変、肝がん
Hibワクチン	中耳炎、肺炎、髄膜炎
小児用肺炎球菌ワクチン	中耳炎、肺炎、髄膜炎
BCG	結核、粟粒結核（重い肺結核）、髄膜炎
MRワクチン	麻しん・風しん、肺炎、脳炎、亜急性硬化性全脳炎（SSPE）
水痘ワクチン	水痘（水ぼうそう）、脳炎、帯状疱疹
おたふくかぜ	おたふくかぜ、髄膜炎、難聴、精巣炎
日本脳炎ワクチン	脳炎
ロタウイルスワクチン（2020年8月1日以降出生者）	胃腸炎

このほかに、さまざまな状況に応じて受けられる任意接種（季節性インフルエンザなど）もあります。

100-04

100-03

kenko
⇩
100-101
⇩
zentai

color

shirokuro

インフルエンザ予防接種 が始まります

101-02

10月から、各医療機関でインフルエンザの予防接種が始まります。インフルエンザは例年12〜4月ごろに流行し、1月末〜3月上旬に流行のピークを迎えます。十分な抗体ができるまでには2回目接種から2週間以上かかりますので、1回目接種は遅くとも11月上旬までにすませましょう。

生後6か月から

インフルエンザワクチンは、インフルエンザを完全に予防することはできませんが、肺炎や脳症などの重症化を予防します。ワクチンは生後6か月から接種できます。発病すると重症化しやすい子ども、妊婦、お年寄りは、特に接種を受けることがすすめられています。

2回接種

日本では、生後6か月〜12歳までの子どもは、2回接種が原則です。子どもは、2回接種のほうが抗体の量が増えるからです。インフルエンザワクチンでは、1回目と2回目の接種間隔は、4週間程度あけるのが望ましいとされています。流行の前に2回目の接種が終えられるようにしましょう。

101-03

家族みんなで！

重症化しやすい乳幼児をインフルエンザから守るためには、家族みんなのワクチン接種に加え、大人たちも手洗いやせきエチケットを徹底すること、流行の時期は、人が多く集まる場所に行かないようにすることなどが大切です。

101-01

年長児
MR追加接種をお願いします！

今年度内に6歳になる年長児は、MR（麻しん・風しん混合）ワクチンの2期追加接種の時期に当たります。MRワクチンは、生後12〜24か月の間に1回目、5〜7歳の間に2回目の定期接種が行われます。就学前に、かかりつけの医療機関で接種（無料）を受けるようにしてください。

MRワクチンって？

麻しん（＝ Measles はしか）と風しん（＝ Rubella）の混合ワクチンです。

副反応は？

注射した部分が赤くなったり、接種から約1週間後に発熱や発しんが5人に1人見られますが、1〜2日で治まりますので心配ありません。

MRワクチン

0	1	2	3	4	5	6	7
	1回目				年中	2回目	

年長の1年間

麻しんって？

麻しんはとても感染力が強く、免疫をもたない人が感染すると、ほぼ100%発症します。発症すると、肺炎や脳炎、亜急性硬化性全脳炎（SSPE）という重い合併症を引き起こすことがあり、後遺症を残し、命にかかわる場合もあります。

風しんって？

「3日はしか」とも言われ、子どもの場合は数日で治ってしまう比較的軽い病気ですが、大人は重症化することがあります。また、妊婦が感染すると「先天性風疹症候群」という胎児の奇形を引き起こすリスクがあるため、感染拡大を防ぐためにも、予防接種が重要です。

101-04

おうちの中の 危険チェック！

体のバランスが悪く、運動機能も未発達な子どもたちは、何度も転んだりぶつかったりしながら成長していきます。とはいえ、命にかかわるようなけがは絶対に防がなければなりません。事故が多発するのは、外だけではなく家の中でも。子どもの目線で、家の中を見る習慣をつけましょう。

家庭で起こりやすい事故

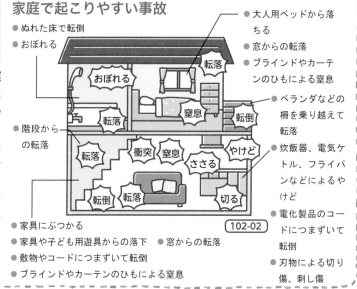

- ぬれた床で転倒
- おぼれる

（図中）
- おぼれる
- 転落
- 窒息
- 転倒
- 転落
- 衝突
- 窒息
- やけど
- ささる
- 転倒
- 転落
- 切る

102-02

- 大人用ベッドから落ちる
- 窓からの転落
- ブラインドやカーテンのひもによる窒息
- ベランダなどの柵を乗り越えて転落
- 炊飯器、電気ケトル、フライパンなどによるやけど
- 電化製品のコードにつまずいて転倒
- 刃物による切り傷、刺し傷

- 階段からの転落
- 家具にぶつかる
- 家具や子ども用遊具からの落下
- 敷物やコードにつまずいて転倒
- ブラインドやカーテンのひもによる窒息
- 窓からの転落

102-01

おうちの中の 事故防止

転落防止

- 窓下やベランダの柵のそばに、足場になるものを置かない
- 家の中で子どものそばを離れるときは、窓を閉めて鍵をかける
- ベランダや出窓などを遊び場にさせない
- 階段にチャイルドガードを取りつける
- 階段に手すりや滑り止めをつける

102-04

水の事故防止

- 入浴するとき以外は浴槽に水をためない
- 保護者の洗髪中などは、頻繁に声をかける
- 浴槽にはかたくて丈夫なふたをしておく
- 洗濯機のふたを閉めておく

やけど・感電防止

- 台所の出入り口にチャイルドガードを設置
- 蒸気の出るもの、熱いものを手の届く所に置かない
- テーブルクロスを使用しない（引っ張るとテーブル上のものが落下する）
- ドライヤーやアイロンを出したままにしない
- 使わないコンセントにはカバーをつける

102-05

窒息防止

0歳
- うつぶせ寝をさせない
- 顔が沈むやわらかい寝具を使わない
- ベッドと壁をくっつける
- ベッドガードを使わない
- ベッド上に着替えやぬいぐるみを置かない

1歳〜
- ひものついた服は、ひもを抜くか、短く結ぶ
- ブラインドのひもなどは、短くまとめる
- ドラム式洗濯機はチャイルドロックをかける

102-03

kenko
⇩
102-103
⇩
zentai

color

shirokuro

登降園時の交通安全

子どもから目を離さないで！

交通事故は、保護者が近くにいるときにも起こります。散歩や買い物、登降園時には常に手をつなぎ、子どもが保護者から離れて歩くことがないようにしてください。

また、子どもを自転車や車から降ろした直後は、子どもから目を離さないでください。

103-02

子どもに教えたいこと

❶ 歩く場所
・歩道または路側帯（白線の内側）を歩く
・道路の右側を歩く

❷ 道路の横断の仕方
・信号の赤・青・黄の意味
・信号機のない交差点の渡り方

103-03

❸ 標識の見方
・よく目にする標識や表示の意味

❹ やってはいけないこと
・道路への飛び出し
・道路での遊び
・車のすぐ前や後ろの横断

103-01

車に乗せるときは

6歳未満の子どもにはチャイルドシートの使用が義務づけられています。体格・体重に合ったチャイルドシートを、車の後部座席で使用してください。手がドアや窓にはさまれないよう、チャイルドロックをかけたり、窓の開閉時には必ず声をかけたりしましょう。また、短時間でも、子どもを車内に残したまま車を離れてはいけません。親が降りる前に子どもを先に降ろすことも大変危険です。

チャイルドシートは

乳児用
年齢：0～1歳くらい
身長：70cm以下
体重：13kg未満

103-05

幼児用
年齢：1～4歳くらい
身長：65～100cm
体重：9～18kg

103-06

学童用
年齢：4～10歳くらい
身長：135cm以下
体重：15～36kg

103-07

※これらは代表的な3タイプ。メーカーや機種によって適応年齢・サイズがちがいます。

103-04

kenko
⬇
104-105
⬇
zentai
color
shirokuro

自転車に乗せるときのルール

　道路交通法では自転車の2人乗りは禁止されていますが、都道府県の条例によってチャイルドシートをつけた自転車には6歳未満の幼児を2人まで乗せることが許されています。チャイルドシートは必ず自転車販売店で取りつけてもらい、子どもにはヘルメットとシートベルトを正しく着用させてください。

BAA マーク
幼児2人同乗基準
適合車マーク

BAA、SG など車体の安全性を示すマークがついたものを選びましょう。

104-02

ヘルメット
シートベルト
チャイルドシート
ヘルメット
シートベルト
足置き

※子どもを自転車に乗せるとき、降ろすときに自転車が倒れてしまう事故がよく見られます。乗り降りは、安定した場所で行うようにしましょう。

104-01

子ども用自転車のルール

　自転車を選ぶとき、長く使えるようにと大きめのサイズを買うのは危険です。「曲がる」「止まる」がきちんとできることが大前提。購入する時点で、サドルをいちばん下げたとき足がしっかり地面に着き、ハンドルとブレーキをきちんと握れるサイズであることを確かめてください。

自転車に乗るときのルール

ルール 1
体に合ったサイズの自転車を選ぶ。

ルール 2
ヘルメットをかぶる
（必ずあごひもを留める）

ルール 3
長そでで長ズボン、手袋（軍手など）を着用する

104-04

ヘルメット
ブレーキをしっかり握れる
両足が地面に着く

ルール 4
車道を走らない

ルール 5
駐車場で練習をしない

ルール 6
信号や交通ルールを教える

104-03

好き嫌いをなくそう

0歳 離乳が進む8〜9か月ごろになると、好き嫌いを表すようになります。嫌いなものは舌で口から出そうとしますが、これは初めての食べ物に対する警戒心のことも。

どうする？
一度食べなかったからといって、「この食品は嫌い」と決めつけず、調理法や味つけを変えて何度か試してみましょう。

1・2歳 イヤイヤ期には、好き嫌いもますますはっきりし、嫌いなものを拒否する態度を示します。しかし、無理に食べさせるのは逆効果。少しずつ食べられるようになります。

どうする？
楽しく食べることが基本。食べ物への興味をもたせつつ、嫌いな食材はいろいろな味つけや方法で調理します。

楽しく
食べる

いっしょに
つくる
野菜を洗う、
ちぎるなどの
お手伝いを

105-02

好きな味つけに
チーズ、
ケチャップ、
マヨネーズ味など

食べたら
褒める

105-01

105-04 好き嫌いをなくそう！

？どうして好き嫌いをするの？

苦みや酸味のあるものが苦手な子どもは多いものですが、じつはこれは動物が生きていくための本能。苦みは毒、酸味は腐敗を知らせるシグナルなので、それらを嫌うのはある意味当然のことなのです。

？どうしたらいい？

成長するにつれて、苦みに対する反応は薄れていきます。苦手な食品が入った料理を「おいしい！」と感じる経験をすることで、いろいろなものが食べられるようになっていくのです。「嫌いでも食べなさい！」ではなく、楽しい食事の時間づくりを心がけましょう。

繰り返し出す
いつも目にしていると苦手意識が薄れる

**友達と
いっしょに食べる**
友達をまねて挑戦してみることも

105-05

食材に触れる
買い物、料理の手伝い、家庭菜園など

105-06

いっしょにつくる
お手伝いできることもだんだん増えていく

調理法を工夫する
苦手な味を感じさせない調理法で

105-03

子どもの健康維持とホームケア

0・1・2歳の 靴選び

サイズの合わない靴やデザイン優先の靴、また、はきぐせのついたお下がりの靴は、転倒やけがの原因になるだけでなく、子どもの足の骨や体全体の成長を妨げます。子どもの成長は早いので、シーズンごとにきちんとサイズを測り、足にしっかりフィットする靴を選びましょう。

よちよち歩きのころ（プレシューズ）

●足首の関節まで保護
●かかとが補強されている
●弾力のある靴底
●やわらかい素材

歩き始めのころ（ファーストシューズ）

●クッション性のあるかかと
●歩き方が安定してきたら、ローカットでもよい

●つま先が広く、反り上がっている
●指先に約7～8mmのゆとりがある
●甲の高さがきちんと調整できる
●足の動きに合わせてソフトに曲がる

立った姿勢ではいてみてチェック！

☐ 歩き方が不自然ではない？　　☐ 痛いところはない？
☐ かかとがぶかぶかしていない？

106-02

106-03

106-01

3・4・5歳の 靴選び

　3・4・5歳は運動量が飛躍的に増える時期。正しい歩き方を身につけながら、7歳くらいまでの間に走る、跳ぶなど、基本的な動作はほとんどできるようになります。

　足の骨も急速に発達し、土踏まずのアーチも3歳ごろからつくられ始めます。

　合わない靴は、足の発達だけでなく、姿勢や運動能力にも影響します。こまめにサイズをチェックし、正しい靴選びをしてください。

●甲の高さが調整できる
●広く、厚みがあること
●指先に5mm～1cmのゆとり
●つま先が少し反り上がっている

●運動してもずれないひも、または両面ファスナー
●足の動きに合わせてソフトに曲がる
●弾力のある靴底
●やわらかく、通気性のよい素材

正しい合わせ方

●中敷きを出してその上に立ち、つま先に5mm～1cmの余裕があることを確認する
●はくときはつま先を上げ、かかとで軽くトントンと床をたたき、足を正しい位置に置く
●靴の中で指が自由に動くことを確認
●大人がかかとを押さえた状態で子どもがかかとを上げ、脱げてしまわないかを確認する

106-05

106-04

kenko
⇩
106-107
⇩
zentai
color
shirokuro

正しい手洗い してますか？

外から帰った後、遊びの後、食事やおやつの前には必ず正しい手洗いをしましょう。30秒くらいかけて、隅々までていねいに洗うことが大事です。3歳まではおうちの人の援助や見守りが必要です。

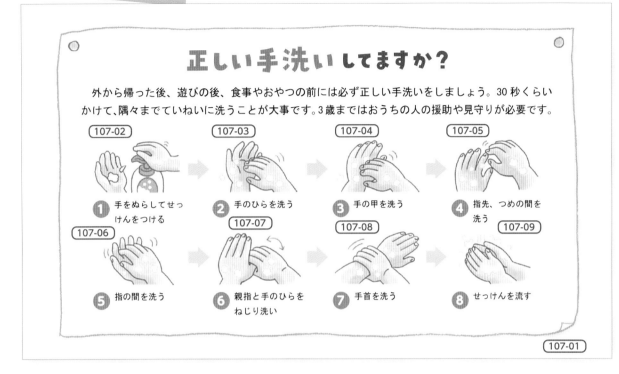

107-02
❶ 手をぬらしてせっけんをつける

107-03
❷ 手のひらを洗う

107-04
❸ 手の甲を洗う

107-05
❹ 指先、つめの間を洗う

107-06
❺ 指の間を洗う

107-07
❻ 親指と手のひらをねじり洗い

107-08
❼ 手首を洗う

107-09
❽ せっけんを流す

107-01

せきエチケット を教えましょう

鼻や口を覆わずにせきやくしゃみをすると、ウイルスの入った飛沫を拡散させることになります。マスクをしていないときは、手ではなく、ハンカチやティッシュペーパー、何もなければそでで口元を覆うことを教えましょう。

※2歳未満の子どもは呼吸機能が未熟なため、マスク着用は推奨されていません。

107-11
✕ 何もしないでせきやくしゃみをする

107-12
✕ せきやくしゃみを手で押さえる

107-13
◯ 正しくマスクをつけ、口鼻を覆う

107-14
◯ ハンカチやティッシュペーパーで口鼻を押さえる

使ったティッシュペーパーはすぐにゴミ箱へ

107-15
◯ そでやひじの内側で口鼻を押さえる

107-10

「体温」が健康の状態を伝えてくれます

目的に合った体温計を選びましょう！

病気のときはもちろん、毎日の健康管理のために、体温計は必需品。まだお子さんが小さいときは、「赤ちゃん用の体温計」があると便利です。

大きく3種類の体温計があります。メリット・デメリットを知って、使いやすいものを選びましょう。

電子体温計

- 正確な体温が測れるので、病気のときなどにはよい
- 計測時間がかかる

108-02

非接触体温計

- 計測時間が3秒以内と短い、毎日の検温におすすめ
- 正確な体温ではない

108-03

耳式体温計

- 最短1秒で測定できるので、じっとしているのが難しい赤ちゃん向け
- 正確な体温ではない

108-04

わき

- あせをかいていたらふき取る
- 体温計を斜め下から押し上げるようにして入れ、しっかりとはさむ
- ブザーが鳴るまでなるべく動かずに待つ

108-05

斜め下から押し上げる　はさむ

おでこ

- 測定する面を、赤ちゃんの頭に垂直にぴったりと当てる
- 赤ちゃんの視界に入らないよう、上方から当てる

108-06

耳

- 耳の中をきれいにする
- 体温計の先が鼓膜に向くよう、しっかり耳の中に入れる
- 誤差が生じやすいので、いつも一定の角度と深さで入れる

108-07

正しい体温の測り方

わきで測った乳児の体温は、36.3〜37.4度、幼児では36.1〜37.4度です。体温は午前4時ごろが最も低く、午後から夕方にかけては高く、1日のうちで1度近い変動があります。平熱は時間帯によって異なるので、起床時、午前、午後、夜のそれぞれの平熱を覚えておくことをおすすめします。

検温のタイミング

食事やお風呂の後、そして泣いた後などは体温が上昇しています。きげんのよいとき、または寝ている間に測るようにしましょう。

108-01

子どもの
発達と育ち

子どもの発達をトピックごとに
時系列で確認できる記事です。
育ちの全体像がわかるので、
保護者の「順調に育っているだろうか」という
疑問にも答えることができます。

排せつ

ぼうこうや排せつをコントロールする機能の発達には、大きな個人差があります。トイレトレーニングは、年齢ではなく発達に合わせて行いましょう。

110-02

0歳児　おむつ

1歳ころまでに、排尿の間隔がだんだん長く、一定になっていく

➡ おむつ替えのときは、「気持ちいいね」など、快・不快の言葉かけを！

110-03

おしっこ！

1歳ころ　気づく

おしっこが出る、または出たことに気づくようになる

➡ 急にしゃがむ、もじもじするなどの「おしっこサイン」が表れたら、トイレに誘ってみましょう。

しー

もじもじ

2歳ころ　知らせる

ぼうこうの機能が発達し、おしっこを少し我慢できるようになる

➡ トイレに行きたいことを、言葉で知らせるようになります。間に合わなくても褒めてあげて。

3歳ころ　トイレで

尿意を感じて、自分でトイレへ行けるようになる

➡ 排せつ後のおしりのふき方、水を流すこと、着衣、手洗いなどを徐々に練習していきましょう。

110-01

手洗い

手洗いはとても大切な習慣ですが、生理的な欲求と結びつかないため、身につけにくいといわれています。きちんと洗えるようになるまで見守ってください。

0歳児　手をふいてもらう

離乳食が始まったら、「きれいにしようね」と声をかけながら、食事やミルクの前は必ず手をふきます。

1歳児　手を洗ってもらう

「ごはんだから手を洗おう」と声をかけて手洗いに誘います。大人がせっけんをつけてていねいに洗い、ふいてあげましょう。

110-05

2歳児　自分で洗えるようになる

自分で水を出し、せっけんをつけて大まかに洗い、流し、ふくことができますが、きちんと洗うためには、見守りと声かけが必要です。

110-06

3歳児　しっかり洗える

「手を洗おう」と声をかければ、自分で正しい洗い方ができますが、洗った後のチェックは必要です。

110-04

hattatsu
⬇
110-111
⬇
zentai

color

shirokuro

110

着替え

子どもの中にはいつも「自分でやりたい」気持ちがあります。0歳児の着替えも、「おててを通すよ」と言葉をかけて、そんな気持ちをふくらませていきます。

1歳 「着替え」を遊びと捉え、興味をもち始めます。前、後ろ、ひじ、かかとなどの言葉を使いながら援助することで、言葉と動きをいっしょに覚えていきます。

2歳 少しずつできることが増えていき、3歳ころまでには脱ぎ着のしやすい服の着替えができるようになります。時間がかかっても、できる部分は任せて見守りましょう。

3歳 立ったままズボンがはけるようになり、靴下や靴も自分ではくことができます。ボタンを留める、上着を着るなどにもチャレンジしていく時期です。

4歳 大人の援助なしに、ほとんどの服の着替えができます。ファスナーの開閉や、服の表裏に気づくこと、脱いだ服をたたむことなどにチャレンジしていく時期です。

こっそり援助

111-02

5歳 温度の変化に合わせて自分で着脱したり、服をきれいにたたんだり、服のすそをズボンに入れるなどの身だしなみも身についてきます。ひも結びにもトライしましょう。

111-01

歯みがき

大きくなればなるほど、歯みがきの習慣を身につけるのは大変です。まずは歯みがきに慣れること。そして毎日褒めながら、楽しみながら続けることが大事です。

0歳1歳 歯みがきの準備

歯が生え始めたら、大人が短時間で寝かせみがきを開始。歯ブラシに興味をもち、自分でくわえているときは事故のないようしっかり見ていてください。

2歳 保護者がみがく

自分でやりたがる時期。必ず保護者が見ているところでみがかせ、その後保護者が仕上げ用ブラシで寝かせみがきをしてください。

111-04

いやがるときは……①

111-05

かわいいコップや歯ブラシを、自分で選ばせる。

いやがるときは……②

シールをはろう

111-06

家族でいっしょにみがく

3〜4歳 自分でみがく練習

歯ブラシの握り方や正しい動かし方を教えながら、自分でみがく練習をしていきます。まだまだ保護者の仕上げが必要です。

5歳 自分でみがく＋仕上げ

一人でかなり上手にみがけるようになりますが、奥歯に永久歯（6歳臼歯）も生えてくる時期。保護者の仕上げみがきは大事です。

111-03

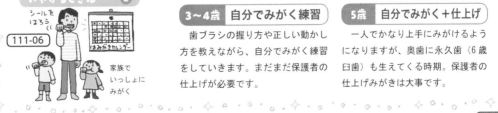

PART
4

子どもの発達と育ち

hattatsu
⬇
112-113
⬇
zentai

color

shirokuro

112

 睡眠

脳機能が未熟な状態で生まれてくる子どもの睡眠には、脳をつくり、育て、守るというとても大事な役割があります。子どもの睡眠の発達を見ていきましょう。

0〜1か月
睡眠時間は 16 〜 20 時間。昼夜に関係なく、1 日の大半を眠って過ごす。

6 か月
睡眠時間は 13 〜 14 時間。昼夜の区別がはっきりし、6 〜 8 時間連続して睡眠をとるようになる。

1〜3 歳
睡眠時間は 11 〜 12 時間。昼寝は 1 回程度。睡眠のほとんどを夜間にとる。

新しい神経細胞と、それらをつなぐネットワークが構築され、またメンテナンスされています。

神経細胞
（ニューロン）

112-02

3〜6 歳
睡眠時間は 10 〜 11 時間。昼寝は減少。5 歳ごろには多くがとらなくなる。

112-04

どの年齢でも、夜の睡眠を 10 時間程度確保することが大事です。

Zzz

（厚生労働省　未就学児の睡眠指針より）112-03

112-01

睡眠時間

社会全体が夜更かし型になっている日本の子どもは、世界から見て睡眠不足だと言われています。忙しい毎日ですが、睡眠時間の確保に工夫をお願いします。

睡眠の量も質も大事です！

夕食はできれば朝や休日に準備。時には手抜きでも。なるべく午後 8 時、遅くとも 9 時には就寝しましょう。

強い光は睡眠と覚醒のリズムを乱します。就寝前の時間帯は、テレビやスマホの光を浴びないで。

就学が近づいたら、学校のリズムに合わせていきましょう。

●子どもの就寝時間の国際比較

■ 22 時以降　■ 19 時〜 22 時　■ 19 時以前　n= サンプル数

	22時以降	19時〜22時	19時以前	
フランス	16%	78%		n=493 ー6%
ドイツ	16%	48%	36%	n=500
イギリス	25%	42%	33%	n=490
スウェーデン	27 %	47%	26%	n=500
日本	46.8%	51.9%		n=521 ー1.3%

*P&G Pampers.com による調査より（2004 年 対象 0 〜 36 か月の子ども）
**パンパース赤ちゃん研究所調べ（2004 年 対象 0 〜 48 か月の子ども）

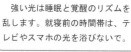

112-06

112-05

食事

楽しく、そして適切に声をかけながら援助していくことで、食べさせてもらう〜自分で食べる〜食べたものを片づける、というように食の自立は徐々に進んでいきます。

０歳
手づかみで食べる

手づかみ食べは、目と手と口の協調運動。これが上達すると食器や食具が扱えるようになります。

113-02

１歳
スプーンを使い始める

食べこぼしは多いものの、自分で積極的に食べようとします。味や食感に関する言葉をかけましょう。

113-03

２歳
スプーンで上手に食べられる

食べ方が上手になる一方、好き嫌いや遊び食べが始まる時期。「食べなさい」ではなく「おいしいなー」と、食への興味を誘いましょう。

３歳
はしを使えるようになる

食材や調理への興味も生まれ、食の自立が進みます。食事のときの姿勢やマナーなどを伝えていきます。

４歳・５歳
自立は完了
お手伝い開始

マナーも身につき、食事の自立が完了したら、配膳や片づけのお手伝いもスタートさせましょう。

113-04

113-01

食事の量

離乳食が終わると、何をどれくらい食べればいいのか不安になるかもしれません。おおよその必要カロリーを知って、バランスよく栄養をとりましょう。

１日に必要なカロリーは？

１日に必要なカロリーは、体格や運動量によってちがいます。成人女性（身体活動レベル：ふつう）の１日の必要カロリーは2050kcal なので、１〜２歳ならお母さんの約半分、３〜５歳は半分強というのが食事量の目安になります。

113-06

●幼児の１日のエネルギー必要量

	女の子	男の子
１〜２歳	900kcal	950kcal
３〜５歳	1250kcal	1300kcal
６〜７歳	1450kcal	1550kcal

（厚生労働省「日本人の食事摂取基準」より）

約半分
900〜1250 kcal

● １食の目安

	１〜２歳	３〜５歳
ごはん	子ども茶碗１杯	子ども茶碗１杯強
主菜	鮭切り身1/ 3	鮭切り身1/ 2
副菜 汁物	野菜・果物・乳製品など、 量よりも栄養バランスが大事です。	

不足しがちな栄養素は？

授乳が終わると、健康な骨や体をつくるのに欠かせない鉄分やカルシウムが不足しがちになります。バランスよく栄養をとるため、楽しい会話や料理のお手伝いをしてもらいながら、さまざまな食材にトライしてみてください。

113-05

子どもの発達と育ち

運動機能

はいはいから二足歩行へ、そして走る、ジャンプするへ。子どもの運動発達には順番があります。発達に応じた楽しい遊びが運動機能を向上させていきます。

6か月～1歳 114-02
おすわりからはいはい、つかまり立ち、そして伝い歩きへ。

1歳～1歳半
歩き始める。ものを持ったまま、立ち上がれるようになる。

1歳半～2歳
またぐ、しゃがむ、小走りや小さいジャンプができるようになる。

2～3歳
走る、跳ぶ、ぶら下がる、階段を上る、三輪車を押すことができる。

5～6歳
つま先立ち、なわとび、鉄棒の前回り、跳び箱、ブランコの立ち乗りもできるように。

4～5歳
片足立ち（5秒）やスキップ、でんぐり返し、階段を下りることができるようになる。

3～4歳 114-03
片足立ち（2秒）やケンケンで前進、後ろ向き歩行、三輪車をこぐことができるように。

※発達の順序を示したもので、年齢はあくまでも目安です。

114-01

手指の発達

運動発達には、「体幹から末端へ」という法則があります。体幹がしっかりしてくるに従って、腕や足の運動機能、そして指先の機能も発達していきます。

0～1歳
ものを握る→自発的につかむ→つかんだものを持ち替える→手をたたく、バイバイする。

1～2歳 114-05
小さなものをつまむ。つまんだものを穴に入れる。積み木を数個積む。ひもを引っぱる。

2～3歳
粘土を引っぱったりねじったりする。ぐるぐる丸をかく。絵本のページをめくる。

5～6歳
ファスナーを閉める。三角形や手足、胴体のある人間をかく。道具の使い方がうまくなる。

4～5歳
小さいボタンも留めはずしができる。四角形をかくようになる。

3～4歳 114-06
利き手が定まってくる。ボタンの留めはずし。閉じた円や線をかく。はさみで切る。

※発達の順序を示したもので、年齢はあくまでも目安です。

114-04

hattatsu
⇩
114-115
⇩
zentai
color
shirokuro

室内遊び

子どもにとっての遊びは、食事や睡眠と同じくらい大事なもの。子どもたちは発達段階に合った遊びを楽しみながら、運動機能や思考力を育てているのです。園でもこれらの遊びをしています。

●おすすめの室内遊びとおもちゃ

8か月～1歳
おすわりで遊ぶ時期
わらべ歌。手遊び歌。箱や容器にものを入れたり出したり。音の出る手作りおもちゃ。
115-02

1～2歳
よちよち歩きのころ
手押し車。引っぱりおもちゃ。お出かけ遊び。ふとんの上を歩く。ふとんの上でゴロゴロ。

2～3歳
見立て遊びができる
手遊び歌。リズム遊び。積み木。折り紙。お絵かき。人形遊び。ままごと。

3～4歳
ごっこ遊びができる
風船バレー。お店屋さんごっこ。ジグソーパズル。列車おもちゃ。着せ替え人形。

4～5歳
手先が器用になる
しりとり。粘土。折り紙。かるた。キッチンやドレッサー、洗濯機などのおもちゃ。

5歳～
ゲームが楽しめる 115-03
連想ゲーム。伝言ゲーム。ボードゲーム。かるた。工作。模型。こま。けん玉。

115-01

屋外遊び

全身を使う屋外遊びは、子どもの身体能力を高めるだけでなく、年齢が上がるにつれ、創造性や社会性、コミュニケーション力なども育んでいきます。これらの遊びをしながら子どもたちは園で過ごしています。

1～2歳
歩き始める
手つなぎお散歩。砂遊び（口に入らないよう注意）。水遊び。手押しおもちゃ。乗用おもちゃ。

2～3歳
走れるように
追いかけっこ。すべり台。砂場遊び。鉄棒（ぶら下がり）。三輪車（足でけって進む）。

3～4歳
運動機能が発達
かけっこ。ケンケンパ。でんぐり返し。三輪車。ブランコ。ボール遊び。ダンス。
115-05

4～5歳
友達と遊ぶ
ジャングルジム、鉄棒など遊具を使った遊び。ボール遊び。自転車。シャボン玉。

5歳～
集団で遊ぶ
おにごっこ。かくれんぼ。なわとび。鉄棒。ドッジボール。サッカー。野球。

115-04

愛着

愛着とは、乳幼児が養育者との間に形成する情緒的な深いつながりを指す心理学用語です。この愛着関係という土台のうえに、子どもの心や知性、そして社会性が育まれます。

愛着　→　（アタッチメント）
＝
くっつく、しがみつく

・人間に対する基本的信頼感を育む
・心の発達、人間関係に影響する
・その後の社会性に大きくかかわる

116-02

どうしたの？

ママー

0〜2、3か月　第1段階
特定の誰かを区別することはなく、人の声や顔に注意を向け、生まれつき備わった反射（原始反応）や微笑で、周囲の人の愛情を引き出します。

3か月〜6か月　第2段階
原始反射の多くや生理的微笑は消え、いつもお世話をしてくれる人を選んで、声を出したりほほえんだりして、関心を引こうとするようになります。

6か月〜3歳ころ　第3段階
特定の人の後を追ったり、抱きつくなどの愛着行動が見られます。人見知りが始まりますが、同時に愛着関係を安全基地として、外の世界へ探索に行ったり戻ったりしながら遊びます。

3歳〜　第4段階
愛着関係に特に問題がなければ、子どもは愛着する人がその場にいなくても、自分は守られ大事にされているという気持ちや安心感を心にもち続けることができるようになります。

116-01

イヤイヤ期

イヤイヤ期は、すべての子どもが通過する発達のプロセス。言葉で十分に意思を伝えられない子どもが、自分の気持ちを最大限に伝え、実現しようとする姿です。

1歳半〜2歳ごろ

子どもの姿	どうして？
「これをしよう」「こうしよう」という言葉に、「イヤ」と答える。	「自分」というもの、「自分以外の人」もわかるようになる時期。まだ自分の好みはありませんが、人の提案に「イヤ」と主張する経験を重ねながら、自分の好みや心地よい状態を発見していきます。
「ぼくの！」「私の！」と自分の持ち物にこだわる。	その子のこだわりが特別強いわけではなく、2歳児はみんなこだわります。自分のものと人のものとのちがいがわかるようになったからこその主張です。

2歳〜3歳ごろ

子どもの姿	どうして？
「自分で」と、自己主張し、できないことをやろうとする。	見たものを記憶したり、シミュレーションして「できそうだ！」と感じています。さりげなくサポートすれば、生活習慣獲得のチャンスになります。
「イヤイヤ」や「だだこね」が徐々に収まってくる。	自分の中の訳のわからない感情と向き合いつつ、折り合いをつけ、感情をコントロールできるようになっていきます。

116-04

116-03

hattatsu
↓
116-117
↓
zentai
color
shirokuro

116

知的発達

知的な発達には、大きく分けて4つの段階があると言われています。それぞれの時期の豊かな経験によって、知的な思考が育つようになっていきます。

	第1段階	第2段階	第3段階	第4段階
時期	0〜2歳	2〜7歳	7〜12歳	12歳〜
何をする	ものに触る、しゃぶる、人と触れ合う、などの感覚的な体験によって外の世界を理解し、それに合う行動パターンを学ぶ。	言葉を理解し、使い始めることで、目の前にはないイメージを使って考えたり行動したりできるようになる。	発達を促し、次の段階へつなげるために大事なことは……？ 117-02 ・親しい人と愛着関係を築く ・生活習慣を身につける ・子ども同士の豊かな活動	
何ができるようになる？	・ママの姿がなくても、「見えるところにいないだけ」と理解できる（0歳） ・過去、現在、未来の大まかな時間の区別ができる（2〜3歳）	・ままごと遊び ・1日が朝・昼・夜に分かれていることや季節の変化を識別できる（4歳ごろ） ・遊びのルールを守ることができる（5〜6歳）		
まだできない	空想と現実の区別			

117-01

言葉の発達

唇や舌、口蓋、のどなどが発達し、耳で聞いた言葉の意味を理解できるようになり、「伝えたい」意思が強くなってくるとき、言葉が生まれます。

6か月〜1歳
喃語（なんご）

「あーうー」「ぶーぶー」などの喃語を話すようになる。特定の人の問いかけに応えたり、自分の意思や欲求も喃語で伝えようとする。

117-04
だーだー
聞いた言葉の意味がわかる
唇、舌、口蓋、のどの発達
伝えたい気持ち

4〜5歳
会話

話す意欲が高まる時期。友達と楽しく会話をしたり、言葉を使ってイメージを共有し、ごっこ遊びができるようになったりする。

1〜2歳
一語文〜二語文へ

自分の意思を親しい人に伝えたい気持ちが強くなる。「わんわん」などの一語文が、「わんわん　いた」のような二語文になっていく。

2〜3歳
三語文

日常生活に必要な言葉を理解し、「ぼく　りんご　食べる」のような三語文を話すように。「なぜ？」「どうして？」という質問も増える。

3〜4歳
複文

助詞も使えるようになり、「私はママがつくるケーキが好き」のような、2つ以上の述語が組み合わさった複文を話せるようになる。

言葉の発達は体の発達以上に個人差が大きいもの。発達が遅いからといって、心配する必要はありません。ただし、1歳6か月で単語が出ない場合は、言葉が聞き取れていない可能性もあるので、小児科医に相談しましょう。

117-03

hattatsu
⇩
118-119
⇩
zentai
color
shirokuro

118

おすすめの年齢 0 ― 5

118-A

生きる力 子どもの生活やその後の人生にも大きな影響を与える社会性＝「人とかかわる力」は、子ども時代にその基礎をしっかり身につけていきたい、大事な能力です。

遊びの中の社会性	0歳	1歳	2歳	3歳	4歳	5歳	6歳	7歳

0歳～【傍観行動】ほかの子どもが遊ぶのを見ている

0歳～【一人遊び】自分の遊びに専念している

2～3歳【並行遊び】近くで同じ遊びをしているが、相手に関心はなく、やり取りもない

4～5歳【連合遊び】何人かで同じ遊びをするが、基本的に自分のやりたいことをする

5～6歳【協働遊び】役割分担をしてみんなで遊びを形成する

6歳～【集団遊び】

0歳 118-02

5～6歳 118-03

※段階が変わると、以前のような遊び方をしなくなる、というわけではありません。

118-01

おすすめの年齢 0 ― 5

118-B

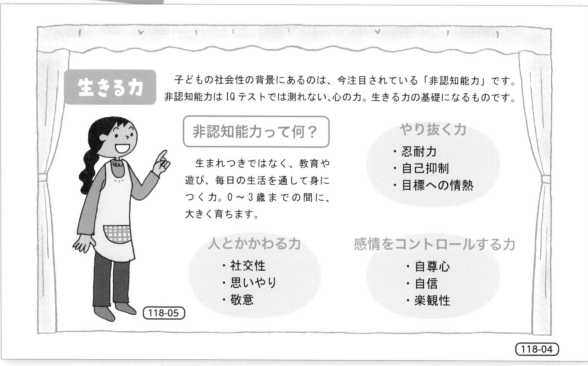

生きる力 子どもの社会性の背景にあるのは、今注目されている「非認知能力」です。非認知能力はIQテストでは測れない、心の力。生きる力の基礎になるものです。

非認知能力って何？

生まれつきではなく、教育や遊び、毎日の生活を通して身につく力。0～3歳までの間に、大きく育ちます。

やり抜く力
・忍耐力
・自己抑制
・目標への情熱

人とかかわる力
・社交性
・思いやり
・敬意

感情をコントロールする力
・自尊心
・自信
・楽観性

118-05

118-04

大人のかかわり

大人の役割は、子どもに何でもやってあげることではなく、自立を助けていくことです。子どもの発達に合わせたかかわり方を考えてみましょう。

どんな時期

大人のかかわり

何が育っている？

	0～1歳	1～3歳	3～6歳
どんな時期	すべてのことに保護者のケアが必要	● ケアが必要 ● イヤイヤ期が始まる	運動機能や自発性が向上 119-04
大人のかかわり	● 成長に応じた生活リズムづくり ● 子どもと触れ合い、たっぷり遊ぶ 119-02	● 子どもの気持ちを受け止め、選択肢を示す 119-03  ● 外遊びや友達との遊びを大事にする	● 子どものやりたい気持ちを受け止め、ものの使い方や方法を教える ● モデルとしての保護者の役割を自覚する
何が育っている？	基本的信頼感	自律性	自発性

119-01

子ども同士のかかわり

大人との信頼関係をもとにして、子どもはほかの子どもとかかわり始めます。そしてこのかかわりを通して心と体を発達させ、たくさんのことを学んでいきます。

0～1歳
大人との1対1のかかわりを通して、基本的信頼関係を学ぶ。　119-06

2～3歳
自分のやりたいことを主張する、おもちゃを取り合うなど、友達との欲求のぶつかり合いを体験。大人に共感してもらい、気持ちを代弁してもらいながら、次第に自分とはちがう、相手の気持ちを理解していく。

1～2歳
ほかの子に関心を示し、表情をまねしたり、はいはいで接近したり、同じおもちゃを手にしたりする。　119-07

4～5歳
友達といっしょに遊んでいく中で、自己主張すること、相手の気持ちを理解すること、我慢することができるようになる。小さなトラブルや課題は、自分たちで解決できることも。　119-08

119-05

子どもの発達と育ち

子どもへの声かけ

子どもとのきずなを強くし、子どもの心や社会性を育んでいくためには、赤ちゃんのときからの大人の言葉かけが大きな役割を果たします。

0歳〜 行動の前には必ず声をかける

急いでいるときにも無言は禁物。「〇〇ちゃん、おむつ替えようね」など、名前を呼んで次にする行動を説明しましょう。

1〜2歳 気持ちに共感する

「うれしいね」「悲しいね」など、子どもの思いを言葉にしていくことを繰り返す中で子どもは大人への信頼感を深め、また言葉を覚えていきます。

2〜3歳 プラスの言葉で

「上ってはダメ」ではなく「下りようね」と、肯定的な言葉をかけましょう。「ダメ」と言われ続けると、主体的な行動ができなくなってしまいます。

120-02

そっち 行っちゃ ダメ！
こっちに おいで！

2〜3歳 子どもに考えさせる

「こういうときはどうするんだっけ？」「どうすればいいと思う？」など、子どもに考えさせるような言葉も効果的です。

120-01

子どもへの声かけ

大人の言葉をかなり理解できるようになる3歳以降の子どもたち。大人の意図をきちんと伝えながら、子どもの自発性を伸ばす言葉をかけていきましょう。

具体的に話す

「〇〇しなきゃダメ」ではなく、「〇〇だからこうしてね」とその理由を説明。「早くして」ではなく、「いつまでに」を伝えます。

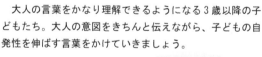

120-04

おはよう
おはよう……
ごはんまでに 顔を洗ってね〜

子どもを褒める

「〇〇してくれてありがとう」「〇〇ができてすごいね」と、その場で具体的に褒めたり、感謝の言葉を伝えたりします。

期待をふくらませる

出かける前にトイレなどの用事をすませてほしいときは、次の行動を楽しく説明し、「そのためには……」と今やってほしいことを伝えます。

気持ちを代弁する

けんかで感情が高ぶって泣いているときなどは、「こうしたかったんだよね」など、その気持ちに寄り添い、代弁します。

提案する

「こうしなさい」「やめなさい」ではなく、「こうしたらどう？」「こうしてみようか」「こういう方法もあるよ」と提案します。

120-03

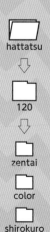

hattatsu
⇩
120
⇩
zentai
color
shirokuro

イラスト集

あったら便利な季節感のある囲みやライン、
ワンポイントで使えるイラストカット集です。
さまざまなタッチのイラストがあり、
お好みのものを選んでご使用いただけます。
白黒版も CD-ROM に収録されています。

122-01

122-02

122-03

122-04

122-05

122-06

122-07

122-08

122-09

123-01

123-02

123-03

123-04

123-05

123-06

123-07

123-08

123-09

123-10

123-11

123-12

123-13

123-14

123-15

123-16

123-17

123-18

123-19

124-01

124-02

124-03

124-04

124-05

124-06

124-07

124-08

124-09

125-03

125-04

125-05

125-06

125-07

125-08

125-01

125-11

125-12

125-13

125-14

125-15

125-16

125-09   125-10

125-17

125-18

125-19

125-02

126-01

126-02

126-03

126-04

126-05

126-06

126-07

126-08

126-09

127-01

127-02

127-03

127-04

127-05

127-06

127-07

127-08

127-09

127-10

127-11

127-12

127-13

127-14

127-15

127-16

127-17

127-18

127-19

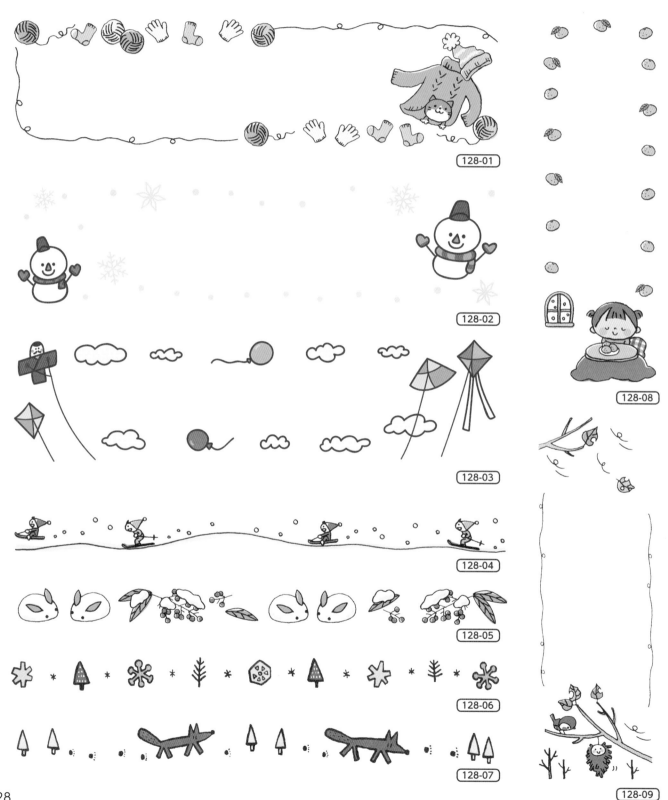

128-01

128-02

128-03

128-04

128-05

128-06

128-07

128-08

128-09

129-01

129-02

129-03

129-04

129-05

129-06

129-07

129-08

129-09

129-10

129-11

129-12

129-13

129-14

129-15

129-16

129-17

129-18

129-19

一年中使えるイラストと囲み

130-01
130-02
130-03
130-04
130-05
130-06
130-07
130-08
130-09
130-10
130-11
130-12

131-01

131-02

131-03

131-04

131-05

131-06

131-07

131-08

131-09

131-10

131-11

131-12

131-13

131-14

131-15

131-16

131-17

131-18

131-19

131-20

CD-ROM の使い方

CD-ROM には、基本のテンプレート、あいさつ文、入れかえのできる話題、
ほけんだよりの名称枠、フレーム、イラストが、フォルダーに分かれて収録されています。
ここでは、基本テンプレートに関することや、入れかえ、書きかえ、素材の使い方について説明します。

※ Windows10 上で Microsoft 365 バージョン 2011（ビルド 13426.20308）を使った操作方法を紹介しています。

基本のテンプレートを開く

作りたい月の基本テンプレートを Word で開きましょう。
ここでは p.12 の「ほけんだより 4 月号」を使って、操作手順を説明します。

❶ CD-ROM を挿入する

CD-ROM ドライブに
CD-ROM を挿入すると、
自動再生ダイアログが表
示されます。表示されたリ
ストの中から「フォルダー
を開いてファイルを表示」
を選びます。

❷ テンプレートのあるフォルダーを開く

使用したいデータが収録されているフォルダーを順番に選
択し、開いていきます。

例：
p.12 の「ほけんだより 4 月号」

[Part1_tsukibetsu] ➡ [012-013] ➡ [zentai]

❸ データをコピーする

Word データ 012-A を
ドラッグして保存したい場
所に移動すればコピーが
完了します。

※ここではデスクトップにコ
ピーしています。

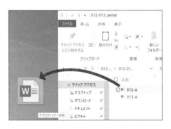

自動再生ダイアログを閉じてしまった、
自動的に開かない

1.「PC」をクリック

パソコン画面左下にあ
るスタートボタンをクリッ
クし、Windows システム
ツール内の「PC」を選び
ます。

2. CD-ROM を開く

CD-ROM のアイコンを
選択すると、CD-ROM の
中身が表示されます。

❹ 基本テンプレートを Word で開く

デスクトップにコピーしたデータ 012-A をダブルクリック
して開くと、Word が起動し、基本テンプレートが表示され
ます。

Word の画面と基本テンプレートの構成

入れかえや差しかえは Word の編集画面で行います。
Word の各部の名称や機能を説明します。

クイックアクセスツールバー

よく使う機能のボタンを登録しておくことで、作業効率を高めます。「上書き保存」「元に戻す」「繰り返し」などのボタンが表示されます。

タイトルバー

開いているデータ名が表示されます。

検索バー

操作方法や文章内にある言葉を検索できます。

※書きかえのできない部分の文章は検索できません。

タブ

表示されるリボンが機能ごとに分かれています。

閉じるボタン

Word を終了します。終了前には必ず保存をしてください。

リボン

操作ボタンがリボンに表示されています。タブを切りかえると、違うリボン（操作ボタン）が表示されます。

スクロールバー

編集画面が上から下まで表示されていない場合は、このスクロールバーを上下に動かすことで、表示される位置を変更できます。

ズームスライダー

画面の表示倍率を 10 %（最小）～ 500%（最大）までの値で調節できます。

発行情報を打ち込もう

発行年月日、園名、クラス名、発行者名を打ち込むことができます。

1. 黒い丸を選択

黒い丸のところは打ち込む必要があるところです。打ち込みたい黒い丸を選択します。

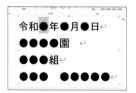

2. 変更したい内容に打ちかえる

黒い丸を選択したまま文字を入力します。黒い丸は入力した文字にかわります。

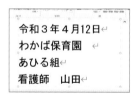

入れかえる方法

CD-ROM には、あいさつ文や話題が収録されています。
あいさつ文や話題を入れかえて、自園に合った内容で「ほけんだより」を作成することができます。

あいさつ文を入れかえよう

❶ 使用したいあいさつ文を開く

使用したいあいさつ文が収録されているフォルダーを開きます。
例：p.18「4月・5月・6月の書き出し文例」

❷ 使用したいあいさつ文をコピーする

使用したいあいさつ文を選択します。選択された状態のまま「編集」タブの「コピー（C）」を選びます。

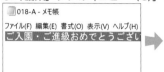

❸ 基本テンプレートを開く

使用したい基本テンプレートを開きます（基本テンプレートの開き方はp.132）。

❹ 基本テンプレートのあいさつ文を選択する

基本テンプレート内の入れかえたいあいさつ文を選択します。

❺ コピーしたあいさつ文を貼り付ける

❹の状態で「ホーム」タブを開き、リボンにあるクリップボードグループの「貼り付け」の下にある「∨」マークを選びます。その中から 📋A マーク（「テキストのみ保持（T）」）を選択すると、貼り付けが完了します。

とりあげる話題を入れかえよう

❶ ファイルを開く

使用したい話題のデータを選択します。

例：p.20「ぐっすり眠って、大きくなろう」

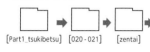

[Part1_tsukibetsu] ➡ [020 - 021] ➡ [zentai]

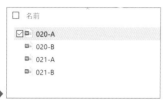

❷ 話題をコピーする

使用したい話題を選択します。そのまま「ホーム」タブを開き、リボンにあるクリップボードグループの「コピー（C）」を選びます。

❸ 話題を貼り付ける

使用したい基本テンプレートを開きます（基本テンプレートの開き方は p.132）。基本テンプレート内の入れかえたい話題とその書きかえのできる部分を選択し delete キーで消去します。「ホーム」タブを開き、リボンにあるクリップボードグループの「貼り付け」の下にある「∨」マークを選び、📋 マーク（「元の書式を保持（K）」）を選択し、貼り付けます。

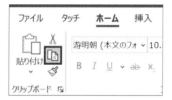

❹ 位置を調節する

貼り付けをした話題を選択し、配置したい位置まで移動します。

書きかえのできる部分を同様にして、コピーと貼り付けをします。

もっと便利に

[グループ化 / グループ解除]

テキストとイラストなどをセットにして、同時に動かせるようにする機能です。

グループ化の方法

同時に動かしたいものを1つ選択します。そのまま shift キーを押しながら、セットにしたいものを選択します。「図の形式」または「図形の書式」タブを開き、リボンにある配置グループの「オブジェクトのグループ化」の横にある「∨」マークを選びます。その中から「グループ化（G）」を選択します。

※見えなくなったものがあれば、重ね順の変更をお試しください（p.141）。

グループ解除の方法

グループになっているものを選択します。「図の形式」タブを開き、リボンにある配置グループの「オブジェクトのグループ化」の下にある「∨」マークを選びます。その中から「グループ解除（U）」を選択します。

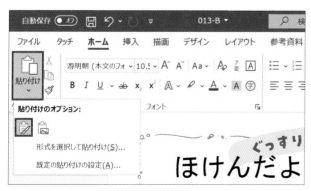

ほけんだよりの名称やあいさつ文、話題内の一部など、書きかえができるものがあります。
言葉を入れかえて、より園のことが伝わる「ほけんだより」を作成することができます。

ほけんだよりの名称を書きかえよう

❶ 基本テンプレートを開く

使用したい基本テンプレートを開きます（基本テンプレートの開き方はp.132）。

❷ ほけんだよりの名称を選択する

ほけんだよりの名称の書きかえたい部分を選択します。

❸ ほけんだよりの名称を書きかえる

❷の状態のまま、文字を入力します。そうすると入力した文字にかわります。

困った 入力モードをかえたい……

ひらがなや英数に入力モードを変更する場合は、デスクトップ右下にある「入力モード」のアイコンを右クリックします。文字の種類の中から入力したいものを選びます。

もっと便利に ほけんだよりの名称以外でも応用可能！

[文字の大きさを変更する]

大きさを変更したい文字を選択し、「ホーム」タブを開きます。リボンにあるフォントグループのフォントサイズボックスの横にある「∨」マークを選ぶとサイズが表示されるので、好きな大きさを選びます。

または、フォントサイズボックスに直接数字を入力して、文字の大きさを調節することもできます。

[フォントを変更する]

フォントを変更したい文字を選択し、「ホーム」タブを開きます。リボンにあるフォントグループのフォントボックスの横にある「∨」マークを選ぶとフォント一覧が表示されるので、好きなフォントを選びます。

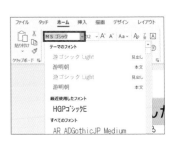

〈MSゴシック〉ほけんだより

〈MS明朝〉ほけんだより

あいさつ文を書きかえよう

❶ 基本テンプレートを開く

使用したい基本テンプレートを開きます（基本テンプレートの開き方は p.132）。

❷ あいさつ文を選択する

あいさつ文の書きかえたい部分を選択します。

❸ あいさつ文を書きかえる

❷の状態のまま、文字を入力します。そうすると入力した文字にかわります。

もっと便利に あいさつ文以外にも応用可能

[太文字にする]

太文字にしたい文字を選択し、「ホーム」タブのリボンにあるフォントグループの「太字」ボタンをクリックします。

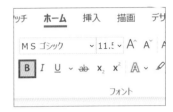

〈細字〉おめでとうございます

〈太字〉おめでとうございます

[斜体にする]

斜体にしたい文字を選択し、「ホーム」タブのリボンにあるフォントグループの「斜体」ボタンをクリックします。

〈普通〉おめでとうございます

〈斜体〉おめでとうございます

[下線を引く]

下線を引きたい字を選択し、「ホーム」タブのリボンにあるフォントグループの「下線」ボタン横の「∨」マークから下線の種類を選びます。

〈普通〉おめでとうございます

〈下線〉<u>おめでとうございます</u>

[色をかえる]

色をかえたい文字を選択し、「ホーム」タブのリボンにあるフォントグループの「フォントの色」ボタン横の「∨」マークから色を選びます。

〈黒〉おめでとうございます

〈赤〉おめでとうございます

話題の内容を書きかえよう

❶ 基本テンプレートを開く

使用したい基本テンプレートを開きます（基本テンプレートの開き方はp.132）。

❷ 書きかえできる部分を選ぶ

話題内の書きかえられる部分の中から書きかえたい文字を選択します。

※書きかえのできる部分は話題により異なります。

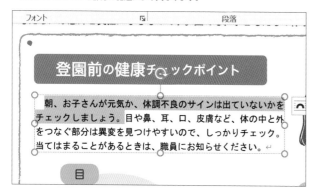

❸ 書きかえできる部分を打ちかえる

❷の状態のまま、文字を入力します。そうすると入力した文字にかわります。

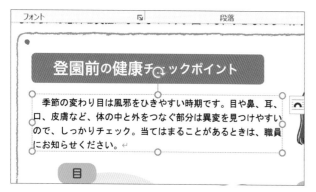

もっと便利に

話題内の書きかえられる部分以外にも応用可能

[文字列のそろえをかえる]

1.「そろえ」をかえたい文字列を選択する

そろえたい文字列を選択し、「ホーム」タブを開きます。

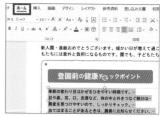

2. そろえ方を選ぶ

リボンにある段落グループの「左揃え」「中央揃え」「右揃え」から好きなそろえ方を選びます。

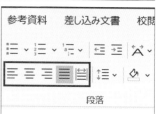

〈元の文〉

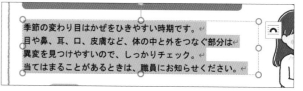

〈左揃え〉

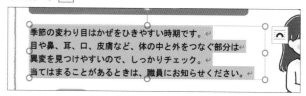

〈中央揃え〉

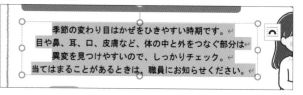

〈右揃え〉

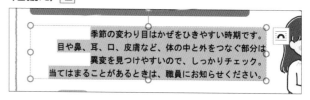

138

CD-ROMにはほけんだよりの名称枠やフレーム、イラストも収録されています。
これらの素材を使い、完全にオリジナルの「ほけんだより」を作成することができます。

ほけんだよりの名称枠を使おう

❶ ファイルを選択してコピーする

使用したいほけんだよりの名称枠が収録されているフォルダーを順番に選択し、開いていきます。

例：
p.12の「ほけんだより4月号」

[Part1_tsukibetsu] → [012-013] → [color]

用データ集 > Part1_tsukibetsu > 012-013 > 012-013_color

012-01 012-02 012-03

使用したいほけんだよりの名称枠を選択します。データを開いたら、右上の「…」から「コピー」を選びます。

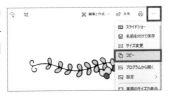

❷ ほけんだよりの名称枠をWordに貼り付ける

Wordを開いて、新規の「白紙の文書」を選びます。「ホーム」タブを開き、リボンにあるクリップボードグループの「貼り付け」の下にある「∨」マークを選びます。その中から 📋 マーク（「貼り付け（P）」）を選択すると、貼り付けが完了します。

❸ 位置を調節する

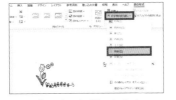

「図の形式」タブを開き、リボンの配置グループにある「文字の折り返し」の横の「∨」マークから「背面（D）」選ぶと、配置したい位置まで動かすことができます。

❹ 大きさを調節する

ほけんだよりの名称枠を選択し、四隅とその間にある白い丸を上下左右にドラッグすることで、大きさが調整できます。

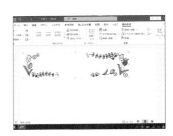

❺ テキストボックスを作る

「挿入」タブを開き、リボンにあるテキストグループの「テキストボックス」を選びます。選択肢が表示されるので、その中から「横書きテキストボックスの描画（H）」を選択すると、テキストボックスが作成されます。作成されたテキストボックスをほけんだよりの名称枠の上に配置します。

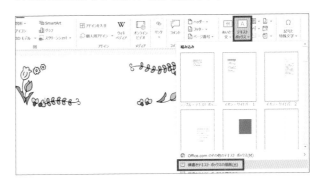

❻ テキストボックスの大きさを調節する

テキストボックスを選択し、四隅とその間にある白い丸を上下左右にドラッグすることで、大きさが調整できます。

「図形の書式」タブを開き、リボンにある図形のスタイルグループの「図形の塗りつぶし」から図形の「塗りつぶしなし」を、「図形の枠線」から「図形の枠線なし」を選択するとより囲み内に配置しやすいです。

❶ ファイルを選択してコピーする

使用したいフレームが収録されているフォルダーを順番に選択し、開いていきます。

例：
p.12 の「ほけんだより 4 月号」

[Part1_tsukibetsu] ➡ [012 - 013] ➡ [color]

使用したいフレームを選択します。データを開いたら、右上の「・・・」から「コピー」を選びます。

❷ フレームを Word に貼り付ける

Word データを開きます。「ホーム」タブを開き、リボンにあるクリップボードグループの「貼り付け」の下にある「∨」マークを選びます。その中から 📋 マーク（「貼り付け (P)」）を選択すると、貼り付けが完了します。

❸ 位置を調節する

「図の形式」タブを開き、リボンにある配置グループの「文字の折り返し」の横にある「∨」マークから「背面 (D)」を選ぶと、配置したい位置まで動かすことができます。

❹ 大きさを調節する

フレームを選択し、四隅とその間にある白い丸を上下左右にドラッグすることで、大きさが調整できます。

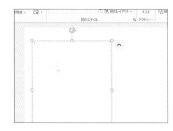

❺ テキストボックスを作る

「挿入」タブを開き、リボンにあるテキストグループの「テキストボックス」を選びます。選択肢が表示されるので、その中から「横書きテキストボックスの描画 (H)」を選択します。

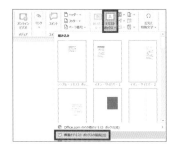

❻ テキストボックスの位置と大きさを調節する

テキストボックスをフレームの中に配置し、四隅とその間にある白い丸を上下左右にドラッグして、大きさを調整します。

もっと便利に

[縦書きのテキストボックスを作る]

「挿入」タブを開き、リボンにあるテキストグループの「テキストボックス」を選びます。選択肢が表示されるので、その中から「縦書きテキストボックスの描画 (V)」を選択すると、縦書きのテキストボックスが作成されます。

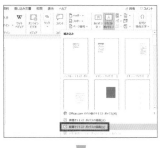

イラストを使おう

❶ ファイルを選択してコピーする

使用したいイラストが収録されているフォルダーを順番に選択し、開いていきます。

例：
p.12 の「ほけんだより 4 月号」

[Part1_tsukibetsu] ➡ [012 - 013] ➡ [color] ➡

使用したいイラストを選択します。データを開いたら、右上の「・・・」から「コピー」を選びます。

❷ イラストを Word に貼り付ける

Word データを開きます。「ホーム」タブを開き、リボンにあるクリップボードグループの「貼り付け」の下にある「∨」マークを選びます。その中から ⬜ マーク（「貼り付け（P）」）を選択すると、貼り付けが完了します。

❸ 位置を調節する

「図の形式」タブを開き、リボンにある配置グループの「文字の折り返し」の横にある「∨」マークから「前面（N）」を選ぶと、配置したい位置まで動かすことができます。

❹ 大きさを調節する

フレームを選択し、四隅とその間にある白い丸を上下左右にドラッグすることで、大きさが調整できます。

もっと便利に

[重ね順をかえる]

フレームやイラスト、テキストボックスはそれぞれの重なる順番をかえることができます。

1.
重ね順を調節する作業ウィンドウを表示する

「図の形式」タブを開き、リボンにある配置グループの「オブジェクトの選択と表示」を選びます。

2. 重ね順を変更する

右側に「選択」の作業ウィンドウが表示されます。移動したいものを選択し、表示順を前後させることで重ね順を変更します。上にいくほど前面に、下にいくほど背面に表示されます。イラストをテキストより前面に表示したいときは「図の形式」タブを開き、リボンにある配置グループの「文字列の折り返し」の横にある「∨」マークから「テキストを前面へ移動」を選びます。

さくいん

142

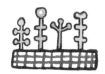

監修者PROFILE

高見 剛
たかみ たけし

代々木上原こどもクリニック 院長
東京医科大学 小児科思春期科 兼任講師

本書に関するお問い合わせは、書名・発行日・該当ページを明記の上、下記のいずれかの方法にてお送りください。電話でのお問い合わせはお受けしておりません。
・ナツメ社webサイトのお問い合わせフォーム
　https://www.natsume.co.jp/contact
・FAX（03-3291-1305）
・郵送（下記、ナツメ出版企画株式会社宛て）
なお、回答までに日にちをいただく場合があります。正誤のお問い合わせ以外の書籍内容に関する解説・個別の相談は行っておりません。あらかじめご了承ください。

STAFF

イラスト（敬称略／五十音順）
赤川ちかこ、池野なか、イロアス デザイン　横山さおり、大森巳加、河合美波、さいとうあずみ、すがわらけいこ、ゼリービーンズ、ながのまみ、やまおかゆか、ヤマハチ

画像提供（p104）
一般社団法人　自転車協会

カバー・レーベルデザイン
鷹觜麻衣子

本文デザイン
中村志保

DTP
滝田梓、新井麻衣子（will）

ワードDTP
株式会社 明昌堂

編集制作
木村舞美（will）、原かおり、橋本明美

校正
佐々木智子

編集担当
田丸智子（ナツメ出版企画株式会社）

ナツメ社Webサイト
https://www.natsume.co.jp
書籍の最新情報（正誤情報を含む）はナツメ社Webサイトをご覧ください。

CD-ROM付き　かんたん！ そのまま使える！
つき　　　　　　　　　　　　　　　　　つか
ほけんだよりイラスト＆文例集
ぶん れいしゅう

2021年3月9日　初版発行
2024年7月1日　第5刷発行

監修者　高見 剛　　　　　　　　　　　　　Takami Takeshi, 2021
　　　　たかみ たけし
発行者　田村正隆

発行所　株式会社ナツメ社
　　　　東京都千代田区神田神保町1-52　ナツメ社ビル1F（〒101-0051）
　　　　電話　03（3291）1257（代表）　FAX　03（3291）5761
　　　　振替　00130-1-58661

制　作　ナツメ出版企画株式会社
　　　　東京都千代田区神田神保町1-52　ナツメ社ビル3F（〒101-0051）
　　　　電話　03（3295）3921（代表）

印刷所　図書印刷株式会社

ISBN978-4-8163-6962-9　　　　　　　　　　　　　　Printed in Japan